UNA VIDA
LIBRE
DE
ESTRÉS

UNA VIDA
LIBRE
DE
ESTRÉS

GUILLERMO MALDONADO

WHITAKER
HOUSE
Español

A menos que se indique lo contrario, todas las citas bíblicas son tomadas de la versión *Santa Biblia, Reina-Valera 1960* (RVR), © 1960 Sociedades Bíblicas en América Latina; © renovado 1988 Sociedades Bíblicas Unidas. Usadas con permiso. Las citas bíblicas marcadas (NVI) son tomadas de la *Santa Biblia, Nueva Versión Internacional*®, NVI®, © 1986, 1999, 2015 por Biblica, Inc.® Usada con permiso. Derechos reservados en todo el mundo. Las citas bíblicas marcadas (LBLA) son tomadas de *La Biblia de las Américas*®, © 1986, 1995, 1997 por The Lockman Foundation. Usadas con permiso. Derechos reservados. (www.LBLA.org).

El texto en negrita en las citas bíblicas representa el énfasis del autor. Las formas *Señor* y *Dios* (escritas en mayúsculas pequeñas) en las citas bíblicas, aluden al nombre hebreo de Dios *Yahweh* (Jehová), mientras que *Señor* y *Dios* escrito normalmente indican el nombre *Adonai*, según la versión de la Biblia usada.

ERJ Publicaciones:
Editor: Jose Anhuaman
Editorial development: Gloria Zura
Cover design: Danielle Cruz-Nieri

Una vida libre de estrés

Guillermo Maldonado
14100 SW 144th Ave. • Miami, FL 33186
Ministerio Internacional El Rey Jesús / ERJ Publicaciones
www.elreyjesus.org /www.ERJPub.org

ISBN: 978-1-64123-339-2 • eBook ISBN: 978-1-64123-340-8
Impreso en los Estados Unidos de América
© 2019 por Guillermo Maldonado

Whitaker House • 1030 Hunt Valley Circle • New Kensington, PA 15068
www.whitakerhouse.com

1 2 3 4 5 6 7 8 9 10 11 **ധ** 26 25 24 23 22 21 20 19

CONTENIDO

PRÓLOGO

Conocí al Apóstol Guillermo Maldonado, del Ministerio El Rey Jesús, en un evento en Washington, D.C. al cual ambos asistimos. Usted dirá que nos conocimos por coincidencia, pero yo creo que fue más que eso. Creo que la mano de Dios estaba en el medio. Él y yo inmediatamente congeniamos. Compartimos la misma pasión: guiar a las personas a la plenitud en sus vidas física, emocional, mental y espiritualmente. Cuando nos conocimos, le conté que sentía un llamado a llevarle salud y sanidad a los hombres y mujeres que sirven a Dios. Desde entonces he desarrollado una amistad muy cercana con el Apóstol Maldonado, así como una relación profesional con él como su doctor. Con frecuencia hablo sobre sanidad, salud y nutrición en eventos del Ministerio El Rey Jesús, y también le doy sus libros a mis pacientes.

Como un doctor en medicina, que profundiza en las causas originales de la enfermedad, así como en los elementos subyacentes que promueven la salud, conozco una variedad de factores que influyen en el desarrollo de la enfermedad o respaldan nuestro bienestar general. No solo me refiero a lo que podría denominarse "medicina", sino también a elementos como la dieta, las hormonas, las toxinas, las emociones, los patrones de pensamiento y mucho más. Puedo afirmar tanto por mi experiencia personal como profesional, que el potente efecto del estrés negativo es una de esas influencias que tiene un impacto significativo en nuestra salud.

En mi libro *Stress Less* (Sin estrés), defino el estrés como "las presiones de la vida, y cómo uno percibe, cree, reacciona y lidia con esas presiones". Como el Apóstol Maldonado lo señala, el estrés prolongado en la vida de una persona puede provocar un número de enfermedades serias, la interrupción de la vida cotidiana normal, el que nos distanciemos de los demás, y otros problemas adicionales. Si bien hay varios elementos que contribuyen al estrés, es fácil enfocarse en uno o dos de esos elementos e ignorar otros factores que contribuyen por igual o incluso en mayor medida. Mientras que los elementos físicos, emocionales y mentales juegan todos un papel importante, en mis décadas de exploración de una vida saludable, siempre he reconocido el papel central del componente espiritual en nuestras vidas. Esta es un área que algunas personas ignoran o descartan. Pero tenemos un Creador que nos ama y quiere lo mejor para nosotros en todos los aspectos de nuestra vida, y nos ofrece sabiduría en Su Palabra y poder espiritual para tratar con nuestros problemas y preocupaciones. Hay ciertas situaciones que solo la intervención de Dios puede superar.

El Apóstol Maldonado ha visto el costo destructivo del estrés en las personas en los Estados Unidos y alrededor del mundo. *Una vida libre de estrés* está basado en sus años de experiencia ayudando a la gente a ser libre del estrés y sus efectos devastadores. Incluye relatos de primera mano de quienes han vencido la opresión del estrés a través de su ministerio. Este libro le ayudará a identificar los factores que contribuyen a su estrés; especialmente esos ciclos arraigados de estrés que están controlando su vida, que le roban la paz interior, y le impiden tener relaciones sólidas y una vida fructífera.

Lo más importante, usted no solo encontrará una solución rápida para ayudarlo hoy a sobrellevar la ansiedad, el miedo o la depresión, sino que encontrará respuestas para alcanzar un alivio perdurable del estrés por medio de la sabiduría y el poder de Dios.

—*Don Colbert, M.D.*
Autor de más de cuarenta libros de mayor venta,
incluyendo *La nueva cura bíblica para el estrés*,
Los siete pilares de la salud, y *¿Qué comería Jesús?*

UN MUNDO ESTRESANTE

Una reciente encuesta de Gallup encontró que más de un tercio de la población mundial experimenta mucha preocupación y estrés. El estrés está teniendo un efecto tan negativo en EE. UU., que la Asociación Estadounidense de Psicología[1] afirma que casi la mitad de los norteamericanos lo padece y admiten que está socavando su bienestar general.

---

1. Maggie Fox, "The World Is Significantly Unhappier, Gallup Poll Finds," *Today* show, Septiembre 12, 2018, https://www.today.com/health/americans-world-feel-more-stress-less-happiness-t137282. Christopher Bergland, "Stress in America Is Gnawing Away at Our Overall Well-Being," *The Athlete's Way* blog, *Psychology Today*, Noviembre 1, 2017, https://www.psychologytoday.com/us/blog/the-athletes-way/201711/stress-in-america-is-gnawing-away-our-overall-well-being. Vea también https://www.apa.org/news/press/releases/stress/2017/state-nation.pdf.

De una u otra forma, todos experimentamos estrés; independientemente de nuestra edad, raza, género, posición social o estatus financiero.

Vivimos en un mundo agitado, donde la mayoría de las personas se encuentran a menudo corriendo contra el reloj, luchando para cumplir con sus responsabilidades y tratando de llegar a fin de mes. Con frecuencia, nos encontramos en la necesidad de tomar impostergables decisiones que afectan nuestra vida y las de nuestras generaciones. Todos estos factores contribuyen a producir estrés mental y emocional. Además, a través de la televisión y la internet, a diario somos bombardeados por noticias sobre crisis en nuestro país y alrededor del mundo: desastres naturales, guerras, hambre, miseria, fracasos económicos, discordias políticas, crímenes, desintegración social, preocupaciones ambientales y más.

Nuestro mundo y nuestras vidas están llenas de estrés. Estos son los tiempos que estamos viviendo. Sin embargo, experimentar continuo estrés tiene un costo muy grande. Mucha gente lucha constantemente contra la ansiedad o el miedo. Otros luchan con profundos episodios de angustia y opresión. Dependiendo del grado que alcance, el estrés es incómodo, altera la vida de una persona o incluso la pone en peligro. La Asociación Estadounidense de Psicología afirma que, "El estrés crónico está ligado a las seis principales causas de muerte en el mundo: trastornos al corazón, cáncer, enfermedades pulmonares, accidentes, cirrosis hepática y suicidio.

Y más del 75 por ciento de todas las visitas al médico tienen su origen en enfermedades y quejas relacionadas con el estrés".[2]

Experimentar continuo estrés tiene un costo muy alto.

¿QUÉ ES EL ESTRÉS?

Quizá tomó este libro porque usted o un ser querido están siendo afectados por algún nivel de estrés. Particularmente, he sentido la urgencia de escribir *Una vida libre de estrés*, porque quiero ayudar a la gente a encarar los efectos destructivos de este mal, sus causas y consecuencias físicas, emocionales, mentales y espirituales. Deseo demostrar que usted sí puede experimentar alivio, esperanza y gozo, sin importar el nivel de estrés con el que se está lidiando. Quiero que juntos descubramos sus profundas causas, cómo evitar que se apodere de su vida y cómo vivir libres de estrés.

En términos generales, el estrés es un estado de alerta, ansiedad o miedo. Sin embargo, lo primero que debemos entender es que el estrés en sí mismo no siempre es negativo. En su forma más básica, es una alarma fisiológica interna

2. Deborah S. Hartz-Seeley, "Chronic Stress Is Linked to the Six Leading Causes of Death," *Miami Herald*, Marzo 21, 2014, https://www. miamiherald.com/living/article1961770.html.

que se activa en situaciones de emergencia, cuando creemos que estamos enfrentando una amenaza o peligro, real o percibido; o en momentos que tenemos altas expectativas de desempeño respecto a una tarea en particular, aunque esas expectativas sean auto generadas o provengan de una fuente externa.

¿Cómo reacciona el cuerpo ante el estrés? Libera hormonas, como la adrenalina, como un "mecanismo de supervivencia". La adrenalina acelera los latidos del corazón, aumenta la presión arterial, tensa los músculos, aumenta el flujo sanguíneo a los músculos grandes, produce sudor, reduce el dolor y muchos otros efectos. Cuando enfrentamos un peligro, el estrés genera una respuesta que puede salvar nuestra vida, al permitirnos tomar medidas inmediatas y efectivas. Sin embargo, cuando vivimos en estado de estrés continuo, pueden ocurrir daños físicos, mentales, emocionales y espirituales. Nuestra mente y cuerpo se sobrecargan, lo que nos obliga a pagar un alto precio, a corto o largo plazo.

Esto significa que, temporalmente, en situaciones como las descritas arriba, el estrés puede ayudarnos a funcionar rápidamente bajo presión, y nos motiva a dar lo mejor de nosotros mismos. Sin embargo, cuando la reacción al estrés se prolonga, puede resultar dañina. Nuestro cuerpo, mente y emociones no están diseñados para vivir perennemente en estado de emergencia.

Todo lo que la gente tolera de continuo se convierte en una norma. De ahí que, si cedemos a la ansiedad o al miedo, eso empezará a definirnos. Este es el punto donde el estrés deja ser algo que experimentamos solo de vez en cuando o en algunas circunstancias, para convertirse en algo que se apodera por completo de nosotros. Cuando eso ocurre, comenzamos a tratar con factores espirituales, lo mismo que con factores físicos y emocionales. Muchas personas no alcanzan a reconocer el elemento espiritual en el estrés, por eso permanecen atrapados en sus garras.

Si usted se rinde continuamente al estrés, éste terminará esclavizándolo.

DOS TIPOS DE ESTRÉS

Para propósitos de este libro, definiremos el estrés de dos maneras: estrés natural y estrés espiritual.

Estrés natural

El estrés natural permanece mayormente en las esferas física, emocional y mental, aunque los elementos espirituales pueden influir en él. Existen varias causas para el estrés, y hablaremos de ellas en el próximo capítulo. El estrés natural puede producir síntomas físicos tales como dolores de cabeza, tensión en el cuello y hombros, dolor de espalda, fatiga, problemas estomacales, falta de sueño y severa irritación en la piel. También puede producir síntomas emocionales y mentales, tales como ansiedad, tristeza profunda, ira, impaciencia, irritabilidad, sentimientos de desesperanza, problemas de concentración, cierto grado de pérdida de la memoria y pensamientos negativos. Aunque podemos sentir estrés temporal cuando nos enfrentamos a nuevas situaciones o cuando somos desafiados a alcanzar metas muy altas, en muchos casos el estrés se manifiesta como resultado de situaciones perturbadoras a las que somos expuestos en el transcurso del tiempo.

Estrés espiritual

Cuando el estrés está en estado natural, la persona todavía tiene la habilidad de lidiar con él. Sin embargo, cuando alcanza el ámbito espiritual, es difícil de controlar con métodos naturales, y requiere tomar medidas espirituales significativas.

Con el estrés espiritual se manifiestan varios tipos de "yugos" controladores, como los celos, el miedo, la ira y la depresión. Por ejemplo, cuando una persona excede el límite de presión en determinada situación y pasa a vivir en estado de depresión, se convierte en prisionero de la desesperación. El yugo del estrés da forma y moldea algunas maneras de pensar, las cuales se reflejan en su conducta. Por eso, cuando alguien cae en depresión, su semblante cambia, sus rasgos decaen o se endurecen. Unos se hunden en un modo autodestructivo a medida que la depresión reduce su capacidad de funcionar normalmente. Entre los síntomas de la depresión podemos citar: tristeza profunda y continua, sentimientos de desesperanza, baja autoestima, pesimismo, culpa, dolor físico, problemas digestivos, cambios en los patrones de sueño y apetito, abuso de alcohol o drogas, sexo ilícito, juegos de azar y pensamientos de suicidio.

Cuando vivimos en depresión, no tenemos expectativa de nada bueno ni alcanzamos a ver una salida a nuestros problemas, incluso en momentos en que el desafío puede ser relativamente fácil de superar.

Cuando el estrés entra en la etapa opresiva, no puede ser controlado por medios naturales; debe ser abordado espiritualmente.

La Biblia nos ofrece varios ejemplos de personas que sufrieron de depresión como resultado del estrés. Yo creo que el gran líder y legislador Moisés cayó en depresión, y eso le impidió entrar a la tierra prometida, incluso después de haber liberado al pueblo de Dios de la esclavitud egipcia. Finalmente, eso fue lo que acabó con su liderazgo. Por años Moisés había acumulado las cargas del pueblo en su corazón, hasta que se agotó y se deprimió. Molesto por la continua rebelión, las quejas y la incredulidad de la gente, desobedeció a Dios en gran medida. (Vea Números 20:8–13). Como dije anteriormente, cuando luchamos contra la depresión, podemos comportarnos de manera autodestructiva, lo cual después lamentaremos.

Veamos otro ejemplo. Elías fue uno de los grandes profetas del Antiguo Testamento, quien en base a la fe y con el poder del Dios viviente, derrotó de forma audaz a cuatrocientos cincuenta profetas del falso dios Baal. Sin embargo, cuando la reina Jezabel lo amenazó de muerte, se asustó y decidió huir. Después de un tiempo, perdió toda esperanza y cayó en un estado de depresión; entonces fue oprimido espiritualmente, hasta el punto de desear morirse. Pero Elías fue finalmente restaurado por el descanso, la nutrición, las palabras alentadoras de Dios, el fortalecimiento espiritual y una fe renovada. Su historia nos muestra a primera vista cómo nosotros también podemos vencer el estrés que proviene del miedo, la fatiga y la desesperanza. (Vea 1 Reyes 18:20–40; 19:1–18).

Si vivimos en un estado de estrés avanzado, pero aún no sabemos lo que nos ha atado, no reconoceremos que estamos siendo oprimidos por una fuerza externa y no solo por nuestras propias luchas internas. Solo el poder de Dios puede liberarnos de esa influencia tiránica. La Biblia nos enseña: *"Ni den cabida al diablo"* (Efesios 4:27 NVI). Si permitimos que el diablo —el ser espiritual maligno que se opone a Dios— irrumpa en nuestras vidas a través de un largo período de estrés, en el que nos aferramos al miedo, la ansiedad, la ira o la desesperanza, terminaremos oprimidos.

Sin embargo, podemos estar seguros de que, sin importar el tipo de yugo que nos venga a través del estrés, Dios tiene poder más que suficiente para romperlo y quitarnos toda carga. Esa seguridad nos viene de la Escritura que dice: *"Acontecerá en aquel tiempo que su carga será quitada de tu hombro, y su yugo de tu cerviz, y el yugo se pudrirá a causa de la unción"* (Isaías 10:27). Jesucristo, el Hijo de Dios, ya derrotó al diablo; pero Él quiere que nosotros también seamos libres y que aprendamos a vivir continuamente en Su victoria.

Dios tiene poder más que suficiente para destruir la tiranía del estrés y remover toda carga de nosotros.

MANEJANDO Y DERROTANDO EL ESTRÉS

Es necesario recordar que cuando nos encontramos con situaciones estresantes en el hogar, el trabajo, la escuela y otros entornos, a menudo esas situaciones solo forman parte natural de la vida, y debemos aprender a manejarlas. En este libro, quiero mostrarle cómo manejar esas situaciones, buscando la paz y la fuerza de Dios. Más allá de eso, puede haber ocasiones en las que sintamos que nos estamos aferrando al estrés por largos períodos de tiempo o que el estrés nos está controlando. No es la voluntad de Dios que vivamos estresados, deprimidos ni al borde del colapso. Necesitamos ser libres y empezar a confiar en Aquél que gobierna el cielo y la tierra y puede ayudarnos en todo. Jesús dijo, *"Si puedes creer, al que cree todo le es posible"* (Marcos 9:23), y *"Estas cosas os he hablado para que en mí tengáis paz. En el mundo tendréis aflicción; pero confiad, yo he vencido al mundo"* (Juan 16:33).

Si usted reconoce que tiene síntomas de estrés opresivo, necesita la ayuda de Jesús y el poder del Espíritu Santo de Dios. Quizá no sepa cómo orar ni pedirle ayuda a Dios. Por eso, antes de pasar al siguiente capítulo quiero invitarlo a orar conmigo, sabiendo que, si declaramos esto con fe, el estrés se convertirá en paz, la tristeza en alegría y la desesperación en esperanza. Ore creyendo en su corazón que Dios actuará en su vida:

Señor Jesús, reconozco que hay situaciones más allá de mi control que me han robado la paz, han atado mis emociones y traído enfermedades a mi cuerpo. El estrés ha avanzado hasta convertirse en opresión espiritual y me está controlando. Me arrepiento por los errores que he cometido, y te pido que me perdones por haber permitido que el estrés entre a mi vida. Hoy necesito Tu ayuda para ser libre. Recibo el perdón que me diste con Tu muerte en la cruz, cuando llevaste mis pecados y mis fallas sobre Ti, y con Tu resurrección de entre los muertos me diste vida eterna. Te recibo en mi corazón y le pido al Espíritu Santo que traiga paz, fe y libertad a mi mente, alma y cuerpo. Hoy, en Tu nombre, tomo la decisión de dejar a un lado toda ansiedad, tristeza, preocupación y todo lo que me causa estrés y depresión. Recibo de Ti paz, sanidad, fe y esperanza. ¡Gracias, Señor Jesús! Amén.

HISTORIAS VERÍDICAS DE CÓMO EL ESTRÉS OPRESIVO FUE VENCIDO

Liberado de miedo

Michael ha trabajado veinticuatro años haciendo cumplir la ley en Miami, Florida, USA, nueve de los cuales fueron como oficial de policía y quince como detective. Sin embargo, desde muy joven vivía con estrés, producto de la timidez originada por la pérdida de sus padres a temprana edad, la que degeneró en pánico a hablar en público, hasta que descubrió que la verdadera identidad, la confianza y el valor provienen de Dios Padre.

La batalla más grande en mi vida —mi gigante más grande— fue siempre el miedo. Desde niño fui muy tímido y siempre tuve miedo de hablar en público. Mis padres murieron cuando tenía trece años y desde entonces me volví muy inseguro; no sabía quién era.

Siempre estaba callado y apartado de todos porque el miedo me dominaba. Tenía una novia, quien ahora es mi esposa, y a ella le preguntaban por qué yo no hablaba, por qué me sentaba solo, aparte, con cara de pocos amigos.

El miedo y la inseguridad me provocaban estrés. ¡Era agotador! ¡No tenía paz! Siempre sufría de miedo a hablar. Miedo a que la gente notara que tal vez no era tan educado o inteligente. Sentía que no tenía nada que ofrecer.

Cuando entré a la policía, me daba terror hablar ante otro oficial; no me sentía inteligente, y eso me causaba estrés. Hoy le doy gracias a Dios porque cuando busqué Su rostro con todo mi corazón y tuve un encuentro con Él, pudo liberarme de ese terror. Como oficial de policía, ahora me enfrento a la gente con el coraje de Dios. En la fuerza eso se llama "presencia de mando"; ahora, yo camino con esa presencia. ¡Mi vida fue transformada! Camino con la autoridad que Dios me ha dado como Su hijo. Sé quién soy, tengo identidad y puedo cumplir la voluntad de Dios.

Actualmente, soy líder de Casa de Paz[3] y mentor de varias personas. Puedo ministrarlas y hablarles con

---

3. Una Casa de Paz es el hogar de un miembro del Ministerio Internacional El Rey Jesús, que abre sus puertas para recibir a vecinos, familiares y amigos, con el propósito de compartir el evangelio del reino de Dios, enseñando la palabra de Dios e impartiendo Su poder.

autoridad. Cuando voy al trabajo, sé que la atmósfera tiene que cambiar porque soy un hijo de Dios y tengo Su autoridad y Su poder. Así que puedo levantar mi voz de mando y gobernar en el ámbito espiritual. De hecho, he visto cómo el crimen ha disminuido en mi ciudad. Ahora, soy esposo, padre, mentor y líder, y vivo libre del estrés. El miedo quedó en el pasado. ¡Veo la gloria de Dios en cada paso que doy!

Liberada de la depresión

Aretha había pasado toda su vida lidiando con la depresión; sin embargo, ella pensaba que la podía controlar tomando algunas pastillas. En un momento de mucho estrés, debido al excesivo trabajo y estudios, sufrió una crisis; y las medicinas comenzaron a producirle efectos secundarios adversos, los cuales eran difíciles de manejar.

Desde que estaba en la escuela secundaria he luchado contra la depresión. Sentía tanta presión y estrés por los estudios, que comencé a tener pensamientos depresivos. Los psicólogos querían darme medicinas, pero yo las rehusaba. Un día, después de haberme graduado de enfermera, estaba hablando acerca de la oración con una compañera de trabajo, y una paciente me escuchó a través de la cortina del cuarto de hospital. Esa paciente iba a ser sometida a cirugía, y cuando me tocó el turno de entrevistarla, antes de la cirugía, ella me regaló un pequeño libro azul llamado, *Poder y autoridad para destruir las obras del diablo*, por Guillermo Maldonado. Me dijo, "Yo quiero leerlo, pero siento que debo dártelo a ti".

Lo tomé y lo puse en una mesita junto a mi cama. Allí estuvo por casi un año, porque estaba "muy ocupada". El año pasado estuve bajo mucho estrés porque, además de mis dos trabajos, estaba haciendo mi maestría. Entonces, comencé a tener pensamientos suicidas. ¡Eso me asustó! Llamé a una enfermera amiga mía y le pedí que me prescribiera antidepresivos. No le dije que me quería suicidar, porque no quería que nadie se preocupara. Ella me dijo que tardaba un mes en hacer efecto, pero a mí solo me tomó seis días. ¡Sentía que volaba! Tenía tanta energía. Había encontrado mi cura; pero me producía insomnio, mucho insomnio.

Un día, alrededor de las tres de la madrugada, despierta y lamentando los efectos del medicamento, oré a Dios, diciendo: "Señor, mira todos estos efectos secundarios; soy tan sensible, ¿qué más me va a suceder? Pero no quiero dejar de tomar la medicina. Necesito hablar contigo". Entonces, comencé a leer aquel libro que la mujer me había regalado. En un párrafo muy pequeño, el autor dice que el Padre ama a Sus hijos y los sana. En ese momento, dejé el libro, tomé el medicamento en mis manos y dije: "Señor, he orado por tanto tiempo para que me liberes… En este momento, le tengo el mil por ciento de confianza a las pastillas. ¿Me estás diciendo que no me amas lo suficiente como para sanarme?" Cuando dije eso, debo haber tocado el corazón de Dios, porque mi vida cambió a partir de ese momento. Ahora llevo dos años totalmente libre de depresión y estoy viviendo los mejores días de mi vida. No tomo pastillas y estoy ayudando a otros a salir de la depresión.

2

CAUSAS DEL ESTRÉS

A veces, la vida puede convertirse en un círculo vicioso de ansiedad y estrés. Sin embargo, la mayoría de las personas están tan inmersas en sus responsabilidades diarias que apenas si tienen tiempo para darse cuenta con exactitud qué las estresa o qué les produce más estrés. Como hemos visto, algunas causas del estrés son físicas o emocionales y otras son totalmente espirituales. Debemos saber cómo lidiar eficazmente con cada una de ellas, ya que cada persona y circunstancia es diferente. Ciertas personas tienen una capacidad mayor que otras para adaptarse a determinadas situaciones.

¿Qué le está produciendo estrés? ¿Cuál es el mayor factor de estrés en su vida? Para saber cómo lidiar con el estrés, lo primero es identificar las causas. Veamos algunas de las causas de estrés más importantes.

ANSIEDAD

La ansiedad es producto de la incertidumbre por el futuro. Algunas personas viven ansiosas y preocupadas acerca de lo que les puede pasar, porque sienten que no tienen control de sus vidas o de alguna situación en particular. Se dice que esta generación está viviendo en la era de los ansiolíticos —medicamentos que bloquean la ansiedad—, porque muchos están recurriendo a la medicina y tratamientos para controlar sus temores y preocupaciones. Según la Asociación para la Ansiedad y la Depresión de América, "Los trastornos de la ansiedad son las enfermedades mentales más comunes en EE. UU., las cuales afectan a 40 millones de personas mayores de 18 años, lo que equivale al 18,1% del total de la población cada año".[4] La gente está ansiosa por la economía y por ganar suficiente dinero para vivir. Están preocupados por su trabajo, por obtener una educación, por alcanzar sus metas, por el futuro de sus hijos, por el crimen en las calles, etc. Tal ansiedad y preocupación los hace vulnerables al estrés.

MIEDO

Además de la ansiedad, el miedo absoluto puede hacer que las personas experimenten los efectos del estrés. Como

---

4. Vea https://adaa.org/about-adaa/press-room/facts-statistics.

comentamos en el capítulo anterior, muchos viven con miedo debido a los eventos y tendencias que están ocurriendo en el mundo. Algunos experimentan inquietud, ataques de pánico, incluso angustia, por temor a lo que pueda ocurrirles a ellos, a los miembros de su familia, su trabajo o negocio. Hace más de veinte siglos, Jesús describió este tiempo, diciendo:

> *Y habrá señales en el sol, en la luna y en las estrellas, y sobre la tierra, angustia entre las naciones, perplejas a causa del rugido del mar y de las olas, desfalleciendo los hombres por el temor y la expectación de las cosas que vendrán sobre el mundo; porque las potencias de los cielos serán sacudidas.* (Lucas 21:25–26 LBLA)

En el pasaje anterior, la palabra *"perplejas"* en el griego de la Biblia significa esencialmente "no hallar una salida". Cuando no podemos encontrar una salida a un problema o situación para nosotros, nuestra familia, nuestras finanzas, nuestro trabajo, o alguna otra área de nuestras vidas, nos angustiamos. El miedo nos invade, y nos desanimamos.

El estrés con frecuencia se basa en la ansiedad y el temor al futuro.

EXPECTATIVAS POCO REALISTAS

Otra causa del estrés es cuando experimentamos discrepancias entre nuestras expectativas respecto a una situación y la realidad de esta. Para usar un ejemplo simple, suponga que alguien planea volar de Miami a Nueva York en un vuelo que se demora dos horas y media. Pero luego, el vuelo se retrasa y se les informa que llegarán a Nueva York cuatro horas más tarde de lo previsto. Debido a que el viaje durará más de lo que esperaban y sus planes en Nueva York también se retrasarán, se ponen nerviosos, ansiosos e irritables hacia las personas que los rodean. Se estresan porque no quieren ajustar sus expectativas a la realidad.

Existen muchas circunstancias negativas en la vida que *podemos* cambiar para bien, y deberíamos tomar medidas para remediarlas. Sin embargo, si no podemos cambiar nuestras circunstancias, como la del ejemplo anterior, pero aún mantenemos nuestras expectativas originales, le estamos abriendo la puerta al estrés para que entre a nuestra vida.

RESPONSABILIDADES EXCESIVAS

Muchas personas hoy en día asumen demasiadas responsabilidades y obligaciones, y se les hace difícil manejarlas todas. Cuando no están dispuestas a renunciar al exceso de responsabilidades o a delegarlas a otros, esto puede producir estrés crónico en sus vidas. Algunos se niegan a renunciar a un trabajo o actividad adicional porque temen perder prestigio, ingresos, o algún otro beneficio; aunque mantenerlo implique pagar un alto precio en su salud mental, emocional y espiritual.

Hay ocasiones en que cargar con excesivas responsabilidades es inevitable, especialmente en ciertas temporadas de la vida. Aunque éstas pueden ser situaciones temporales, el exceso de compromisos es a menudo el resultado de tomar malas decisiones, o la incapacidad de decir que no cuando las personas nos piden que hagamos algo. Si usted sabe que tiene poco tiempo libre, pero continúa aceptando responsabilidades, entonces necesita detenerse y poner sus prioridades en orden. Tiene que decidir qué es lo más importante o urgente en su vida en este momento y enfocarse en hacer todo lo demás a un lado.

El estrés es una carga que puede venir sobre nosotros debido al exceso de responsabilidades y la falta de tiempo.

PROBLEMAS FAMILIARES

Las relaciones familiares pueden ser una de las mayores fuentes de estrés. Los esposos y esposas a menudo atraviesan situaciones difíciles y deben realizar múltiples actividades dentro del hogar, especialmente si tienen niños. Cuando son tercos o egoístas respecto a sus propias necesidades y deseos, su relación se rompe y la paz del hogar se ve perturbada. Las parejas también pueden lidiar con problemas como la infertilidad, enfermedades prolongadas, la pérdida de seres queridos o hijos rebeldes. Pueden batallar acerca de quién toma las decisiones o discutir sobre la aparente apatía de uno de los cónyuges en la relación. Si el matrimonio se rompe, por lo general uno de los cónyuges tiene que asumir los roles tanto de padre como de madre. Los problemas también pueden ser causados por miembros de la familia extendida, que incluye a los suegros, cuñados, tíos, primos y demás, quienes intentan entrometerse en los asuntos familiares privados.

Los niños pueden experimentar estrés en la familia por una variedad de razones. Pueden tener problemas para llevarse bien con sus hermanos. O, puede que su madre y su padre no asuman sus responsabilidades naturales como padres en el hogar, y los hijos se vean forzados a asumir las tareas adultas de administrar el hogar a una edad temprana. Esto puede generar ansiedad, inseguridad, temor, resentimiento o depresión en los jóvenes, causando serios obstáculos para su crecimiento y desarrollo.

Ese tipo de problemas familiares, especialmente cuando todos ocurren simultáneamente, pueden producir bastante estrés en y entre los miembros de una familia, y pronto empieza a apoderarse de sus vidas.

PRESIONES EN EL TRABAJO

En el mundo de los negocios suelen decir que "el tiempo es oro". Esa mentalidad o perspectiva puede llevar a los empleados a ser sometidos a grandes demandas de trabajo, haciendo que vivan en estrés continuo. Por ejemplo, el propietario de un negocio puede presionarse a sí mismo o poner al gerente de su compañía bajo presión a fin de producir buenos resultados. A su vez, este gerente presiona a los empleados. La idea es que todos necesitan producir al máximo, en el menor tiempo posible y al menor costo. A menudo hay plazos constantes y poco realistas. Las horas se hacen largas, los salarios permanecen bajos y la presión es continua. Muchos terminan "viviendo para trabajar, en lugar de trabajar para vivir".

Además, en la sociedad de hoy, hacer dinero y gastar dinero en productos y servicios de consumo parece ser una prioridad más alta que cualquier otra cosa. Las personas se endeudan cada vez más porque compran cosas que no pueden pagar. Para pagarlas tienen que trabajar más y producir más, lo que genera un ciclo interminable. Los horarios de trabajo pesados que la gente tiene son una razón por la que la falta de tiempo se ha convertido en una de las más grandes causas de estrés hoy en la actualidad.

FALTA DE SUEÑO

¿Cuántas horas duerme usted en promedio? Algunos estudios indican que el "35% de los estadounidenses no duermen las siete horas recomendadas cada noche" y "tres cuartas partes de los que sufren de depresión también sufren de falta de sueño".[5] Además, el Centro de Control y Prevención de Enfermedades (CDC, por sus siglas en inglés) reporta que "La falta de sueño está relacionada con enfermedades cardiacas, obesidad, diabetes, depresión, y ansiedad; sin mencionar los problemas de seguridad, como conducir con sueño y lesiones".[6]

¿Cuáles son las razones de la falta de sueño? Parte del problema son las vidas ocupadas y sobrecargadas de compromisos que tiene la gente, en las que no se permiten un buen descanso nocturno. Sin embargo, otras personas sufren de insomnio por razones mentales, emocionales o físicas, y el insomnio se convierte en un verdadero tormento para ellos. Saben que necesitan dormir, y sus cuerpos también lo saben. No obstante, por alguna razón no pueden quedarse dormidos o permanecer dormidos por mucho tiempo. Tal condición les causa estrés, no solo porque experimentan preocupación y fatiga, sino también porque no pueden funcionar bien durante el día, lo que acarrea más problemas y consecuencias.

---

5. "Sleep Statistics Reveal the (Shocking) Cost to Health and Society, *The Good Body*, Diciembre 10, 2018, https://www.thegoodbody.com/sleep-statistics/.
6. "America's Most Sleep-Deprived Workers," CBS News, https://www.cbsnews.com/pictures/americas-most-sleep-deprived-workers/.

DÉFICIT Y CRISIS FINANCIERAS

El desempleo, la falta de oportunidades para desarrollar nuevos negocios, el sacudimiento de la economía global, la recesión, el endeudamiento global y la pobreza generacional, pueden todos contribuir al estrés. Nuestro nivel de vida puede verse afectado por cualquiera de las cosas que acabamos de mencionar, produciendo un estado de ansiedad e incluso de desesperación. Cuando las personas luchan financieramente, muchos empiezan a buscar nuevas fuentes de ingresos. Comienzan a trabajar turnos dobles, toman un segundo trabajo o empiezan un negocio desde su hogar. También tratan de reducir gastos o vender algunas pertenencias para cubrir sus necesidades básicas. Si bien algunas actividades, tales como reducir gastos o salir de algunas pertenencias pueden ser útiles, el estrés de tratar de cubrir un déficit financiero puede ser implacable y conlleva un alto costo personal.

ENFERMEDAD EN LA FAMILIA

Cuando a alguien se le diagnostica repentinamente una enfermedad que amenaza su vida, tal como el cáncer o una enfermedad cardiaca, toda la familia se ve afectada. La dinámica entre los miembros de la familia cambia, y todas sus actividades comienzan a girar en torno a la salud de la persona enferma, por temor a perderla. Los doctores pueden tratar los síntomas físicos del paciente, aunque la persona a menudo se enfrenta también al estrés mental y emocional que se añade.

Además, cuando alguien se enferma, se presta menos atención al estrés que sufren los familiares del paciente, quienes
tienen que ser fuertes para brindar apoyo a su ser querido. Si la
enfermedad es prolongada, el estrés también se prolonga, y eso
afecta la salud mental, emocional, física y espiritual de todos
los miembros de la familia.

UNA SITUACIÓN SIN SALIDA

Ya hablamos de cómo el temor puede apoderarse de nuestras vidas cuando no vemos cómo salir de una situación. El
estrés puede intensificarse cuando las personas se enfrentan a
una situación extrema en la cual no parece haber una solución,
tal como una bancarrota personal, el abuso, una relación rota,
enfermedades terminales, la muerte de un ser querido, el fra-
caso moral, el colapso económico nacional o un desastre natural. La gente queda perpleja, sin saber qué hacer ni a dónde ir.
La desesperanza y el desánimo inundan sus corazones porque
sienten que "todo terminó" para ellos.

En tales circunstancias, las personas pueden ser domina-
das por la ira o la depresión y tomar decisiones destructivas,
tales como abandonar su familia o cometer suicidio. Otros
viven con un tipo de trastorno de estrés postraumático, en el
que se sienten ansiosos y llenos de miedo, incluso después que
ha pasado el peligro o la situación grave. Esa condición altera
su vida y la vida de quienes los rodean.

Una vez más permítame asegurarle que, aún en situaciones extremas, hay una manera de salir del ciclo dañino del estrés. En este libro demostraré cómo Jesucristo tiene el poder de sanar sus heridas emocionales y espirituales, fortalecer su fe, y darle esperanza.

Jesucristo abre camino donde
no lo hay.

CONSECUENCIAS DEL ESTRÉS

El estrés fuerte o recurrente, claramente conduce a consecuencias negativas. El siguiente es un resumen de sus consecuencias destructivas.

Problemas mentales y emocionales

Una persona que está bajo estrés continuo se convierte en blanco fácil de problemas mentales, emocionales, y físicos. Puede experimentar una pérdida de concentración mental, pensamientos negativos continuos, sentimientos de desesperanza o falta de propósito. Algunos pueden comenzar a abusar de las drogas, el alcohol, u otras sustancias dañinas. Esto puede llevar a una ruptura en su vida normal cotidiana.

Problemas físicos

Cuando las personas experimentan estrés crónico, pueden desarrollar enfermedades como la artritis, las enfermedades cardiacas o el cáncer. Además, si bien el envejecimiento es un proceso natural e inevitable, el envejecimiento prematuro está conectado al estrés, mientras que la longevidad está conectada a la ausencia de estrés. "Una amplia gama de estudios demuestran que el estrés causado por: la depresión no tratada, el aislamiento social, el desempleo a largo plazo, los ataques de ansiedad... pueden acelerar el proceso de envejecimiento acortando la longitud de cada cadena de DNA".[7]

> *El estrés crea las condiciones para que el cuerpo se vuelva más vulnerable a la enfermedad.*

He visto a muchos hombres en posiciones ejecutivas envejecer rápidamente. Incluso he visto pastores y otros líderes cristianos que, por estar extremadamente ocupados en la labor del ministerio, terminan siendo atacados por el estrés. Esto se debe a que, aunque están sirviendo al Señor, con frecuencia

7. Christopher Bergland, "Emotional Distress Can Speed Up Cellular Aging," *The Athlete's Way* blog, *Psychology Today*, Abril 7, 2014, https://www. psychologytoday.com/us/blog/the-athletes-way/201404/emotional-distress-can-speed-cellular-aging.

lo hacen en sus propias fuerzas en lugar de las de Él. ¡Una manera de envejecer rápidamente es vivir bajo continuo estrés!

Ruptura en la familia

El estrés constante en la familia puede causar ruptura de las relaciones y ausencia de paz y orden en el hogar. La familia puede volverse disfuncional, trayendo serias consecuencias como discusiones hirientes, celos y divorcio.

Mala toma de decisiones

El estrés es uno de sus peores asesores cuando usted está tomando una decisión importante. Una persona que vive bajo un alto nivel de estrés puede tomar malas decisiones por las siguientes razones: (1) se sienten apurados o cansados y no toman el tiempo para pensar bien o analizar las cosas; (2) son más susceptibles de aceptar información incompleta o errónea; (3) caen en un estado de resignación, pensando que tienen opciones o soluciones limitadas. Por lo tanto, sus observaciones, determinaciones y juicios no son los mejores. Muchas personas me preguntan, cómo pueden estar seguros de que están tomando una buena decisión. Yo les digo que la clave es sentir la paz de Dios en su espíritu. Donde hay estrés falta paz; y en esas condiciones es difícil tomar las mejores decisiones.

Ambientes tóxicos

Una persona con estrés crónico puede crear un ambiente tóxico para las personas que lo rodean —en el hogar, el trabajo, la comunidad y donde quiera que van— ya que emanan ansiedad, depresión, amargura y otras emociones negativas. Esto puede causar ruptura en las relaciones, comunicación deficiente, reducción de la efectividad y, a veces, condiciones inseguras o no saludables.

ESPERANZA EN MEDIO DEL ESTRÉS

Si usted ha permitido que la ansiedad, el temor, el exceso de compromisos, la falta de tiempo, los problemas familiares, las necesidades financieras, las enfermedades terminales, o cualquier otra cosa perturbe su paz y oprima su vida, necesita ser liberado. Lo invito a acompañarme en la siguiente oración. Por favor, ore en voz alta y con fe, sabiendo que Jesús lo está escuchando y le interesa su bienestar.

Señor Jesús, gracias por ayudarme a entender lo que está sucediendo en mi vida. Reconozco que he dado lugar a miedos y ansiedades; he permitido que los compromisos excesivos, las dificultades financieras, los problemas de salud o los problemas familiares se conviertan en causa de estrés para mí. He intentado sin éxito controlar mi situación o hacer más de lo que puedo hacer, y lo único que he obtenido ha sido perder mi tranquilidad, dañar mi salud, y menguar mi fe. Reconozco que, en lugar de mirarte a ti, he tratado de resolver todo por mi cuenta, ¡y estoy exhausto! Me siento ansioso, irritable e impaciente. Siento que no hay salida.

Hoy te entrego mis cargas, y te pido que llenes mi corazón de Tu paz. Renuncio al estrés, la ansiedad, la opresión espiritual y cualquier otra cosa que el diablo quiera traer a mi vida. Recibo Tu presencia, Tu gracia y Tu poder para liberarme y fortalecerme. Recibo Tu fe para creer que todo lo que está desordenado en mi vida será ordenado nuevamente, y todo lo que está pendiente terminará bien. Descanso en Tu presencia, depositando mi total confianza y seguridad en Ti. Te doy el control de mi vida. Te adoro. Gracias Jesús por la provisión completa que me diste en la cruz del Calvario, para que hoy yo pueda ser libre. ¡Amén!

HISTORIAS VERÍDICAS DE CÓMO EL ESTRÉS OPRESIVO FUE VENCIDO

Liberada del abandono y el abuso

Tammy comenzó a lidiar con la depresión desde temprana edad. Tenía ciclos de estrés que con el tiempo se convirtieron en ataques de ansiedad, debido a la ausencia de su padre y al abuso verbal que sufrió. Poco a poco las cosas empeoraron, hasta que el Espíritu de Dios la liberó:

Antes de venir al Señor, mi mayor lucha fue con la depresión y la ansiedad. Todo comenzó porque crecí sin mi padre, quien iba y venía entre los Estados Unidos y Venezuela, atendiendo negocios. Al principio, se ausentaba por días, luego por semanas, y después por años. Me decía que vendría, pero al final no lo hacía; sus promesas eran falsas. Ese abandono impactó mi sentido de identidad y me llenó de tristeza.

Otro miembro de la familia comenzó a abusarme verbalmente todos los días. Me decía que era inútil, que mi familia no me amaba y que yo había sido un error, un accidente. Las personas que vieron lo que estaba sucediendo me aconsejaron que no lo escuchara, diciéndome que él era así. Creyeron que sus palabras no me afectarían tanto porque yo era muy joven, pero sí, me afectaron—y mucho.

Desde que tengo memoria he vivido con depresión porque el enemigo me atacaba. Durante la escuela primaria solía encerrarme en el baño a llorar, sin saber por qué. Aunque era una chica muy inteligente, la presión de querer ser la mejor era demasiada para mí. Siempre creí que lo que se esperaba de mí era que fuera la mejor en todo. Comencé a pensar en el suicidio, pero no sabía cómo hacerlo. Solo quería dormir y nunca despertarme; no quería seguir lidiando con esto.

La primera vez que verbalicé estos pensamientos, fui ingresada de inmediato en una unidad psiquiátrica.

Solo tenía doce años y me impusieron la Ley Baker.[8] Pasé cuarenta y ocho horas allí. El impacto fue tal que mi condición empeoró. En ese lugar, vi lo que otros niños hacían para lidiar con estos problemas; fue allí donde aprendí a cortarme las muñecas. Cuando salí del hospital comencé a ver a un terapeuta. Me ofrecieron medicamentos, pero me negué a tomarlos. Sabía que necesitaba ayuda, pero no los quería. Seguía escuchando voces en mi cabeza. Sentía que la medicina me hacía sentir peor, pero no podía decirle esto al terapeuta. Después de mi experiencia en el hospital, había perdido la confianza en las personas. No quería hablar de cómo me sentía realmente, porque tenía miedo de volver a ese lugar.

En la escuela secundaria mi situación empeoró porque tenía acceso a redes sociales y teléfonos, y estaba en un entorno donde la popularidad era lo más importante. En ese momento, comencé a lidiar con la ansiedad y los ataques de pánico. Como no era muy popular, sufría sola. Hubo momentos en que me encerraba, pero no podía contener mis pensamientos negativos. Era como si alguien estuviera gritando en

8. La Ley Baker es una ley en el estado de Florida (EE. UU.) que permite a una persona llamar a las autoridades para proporcionar servicios de salud mental de emergencia y detención temporal de uno de sus familiares, incluso contra su voluntad, siempre que esto haya sido aprobado previamente por un juez y sea ejecutado por profesionales de la salud mental.

mi mente con mi propia voz, recordándome mis errores y diciéndome que nunca lograría nada. Esto me llevó a odiar mi vida.

Era muy difícil para mí ser feliz y positiva, y comencé a sufrir crisis nerviosas. Esto comenzó a afectar mi vida social porque cada vez que salía con amigos, tenían que cargarme fuera del auto porque el miedo me paralizaba. Nunca olvidaré la primera vez que esto me sucedió. Fue después de una fiesta en la escuela secundaria, y las amigas de mi madre tuvieron que sacarme del auto porque me temblaba todo el cuerpo y no podía salir sola.

Me sentía como si estuviera en una cueva al otro lado del mundo, pidiendo ayuda a gritos, sin poder caminar y sintiendo que nadie me escuchaba. Fumaba marihuana y cigarrillos; me cortaba el cuerpo. Hacía lo que fuera necesario para sentir alivio, pero todo era en vano. Mi ansiedad aumentó a niveles peligrosos. No podía dormir, así que empecé a tomar pastillas para dormir; pero luego dormía demasiadas horas al día, y cuando me despertaba todo era peor.

La depresión, la ansiedad y el estrés que mis experiencias en la escuela me produjeron fueron muy fuertes. El estrés de las redes sociales, el estrés de querer ser una chica feliz y hacer lo mejor para mi familia, todo me cargaba, y no podía encontrar una salida.

Un día me invitaron a una reunión en una Casa de Paz conectada al Ministerio El Rey Jesús. Allí experimenté la presencia de Dios, recibí a Jesús en mi corazón y fui liberada de toda opresión. La depresión, la ansiedad, el estrés y el rechazo relacionados con mi familia y amigos desaparecieron. ¡Jesús me liberó!

En medio del estrés producido por la ansiedad, el miedo y la falta de identidad, Tammy recibió a Jesús y Él transformó su vida. Todo cambió cuando ella entregó el control de su vida a Cristo. ¡Ya sea instantánea o progresivamente, usted también puede experimentar lo mismo si acepta a Jesús en su corazón y le permite que lo sane!

Sanado de ceguera

Douglas es un hombre cristiano que vive en Nueva Zelanda y que pasó cinco años luchando con una enfermedad degenerativa en sus ojos. Esto afectó tanto su vida y su fe, que pasó del desaliento a la frustración, y luego a la desesperación. El estrés le robó su confianza en Dios, su paz y su ministerio, hasta que asistió a una conferencia organizada por el Ministerio El Rey Jesús.

Hace cinco años, me operaron para eliminar un crecimiento "carnoso" en mi ojo izquierdo, conocido como "pterigión". Aparentemente, fue una operación simple, pero después de la cirugía noté que algo estaba mal porque me dolía mucho el ojo. Volví al médico y él me dijo que era normal, pero el dolor no desaparecía. Fui a otro especialista que me hizo varias pruebas, y su diagnóstico fue glaucoma agudo agresivo. Esta es una enfermedad ocular degenerativa que generalmente afecta a las personas mayores y conduce a la ceguera. Pero yo era joven, y el médico estaba preocupado por el rápido avance de la enfermedad. Me dieron medicamentos para detener su progreso, pero cada vez que iba a un chequeo médico tenía menos visión. Todo esto sucedió en un lapso de siete meses.

Siempre había sido una persona muy activa, era propietario de una empresa, me gustaba navegar y me sentía físicamente en forma. De repente, apareció esta afección ocular, aparentemente de la nada, y sentí como si me hubieran cortado las piernas. ¡No sabía qué hacer! Tenía mucho miedo de quedarme ciego y no poder hacer nada. Era cristiano y tenía fe, pero había orado y no había pasado nada.

A medida que el glaucoma seguía avanzando, el médico decidió realizar otra cirugía. Después del procedimiento, pasé cuarenta y ocho horas con el ojo izquierdo vendado, en total oscuridad. Comencé a escuchar una voz en mi cabeza que decía: "Así es como vas a vivir el resto de tu vida". ¡Estaba horrorizado! La tristeza me inundó. Pensé que nunca volvería a ver a mi esposa ni vería a mis hijos o nietos crecer. Fuimos a todos los especialistas que pudimos encontrar, pero todos decían lo mismo. ¡La enfermedad avanzaba a un ritmo acelerado!

Un día, cuando salía de la oficina de un especialista, vi a un grupo de personas ciegas con sus bastones; y era como ver mi vida caminando delante de mí. La desesperación comenzó a crecer dentro de mí, hasta que llegué al punto de aceptar que esa sería mi vida. Yo solía dirigir un ministerio de oración en mi iglesia y había visto grandes milagros al orar por otros, pero no podía superar esta enfermedad que parecía tener vida propia y que había superado mi fe, por lo que dejé el ministerio.

Un día, alguien me dijo que el apóstol Guillermo Maldonado iba a tener una conferencia en mi país. En ese momento ya no estaba interesado en ser sanado; solo fui a la conferencia porque buscaba reconectarme con Dios y mi fe. Había pasado por tantas cosas, tanta gente había orado por mí, y tenía tantas expectativas incumplidas, que estaba harto. Estaba desilusionado de mi fe, de Dios y de todo. Ese era mi estado de ánimo cuando fui a la conferencia. Sin embargo, quería volver a sentir el corazón del Padre.

Con la primera canción, pude sentir la presencia de Dios, y creo que eso fue suficiente para mí. El miedo, la desesperación, la ira y la frustración desaparecieron. En ese momento, el apóstol les pidió a todos los que necesitaban oración y sanidad que levantaran la mano. El hombre que estaba sentado a mi lado levantó la mano, y yo hice lo mismo. Comencé a orar por él primero, por su familia y su salud; entonces, la fe que solía tener, fue regresando y pude sentir el poder de Dios. Fue como si la vida de Dios estuviera fluyendo a través de mí. Terminé de orar y luego les pedí a los demás que oraran por mí. Conocía bien la condición de mi visión: como estaba ciego del ojo izquierdo me resultaba difícil leer mis propios escritos o trabajar en la computadora; mucho menos, ver las señales de tránsito. Así que solo puse mis manos sobre mis ojos y esperé en Dios.

Después que oraron por mí no sentí nada especial, pero al recoger mi cuaderno, ¡podía leer todo perfectamente! Cerré un ojo y podía ver perfectamente. Cerré el otro ojo y seguía viendo perfectamente. Mi sanidad no se debió a la ciencia médica ni a nada que yo pudiera haber hecho por mí mismo. Lo había intentado todo —había cambiado mi dieta y mi rutina de ejercicios, había tomado medicamentos, había tomado vitaminas— pero nada me había ayudado. Hoy, ¡le doy gracias a Dios porque Él me salvó y me sanó!

Antes que Dios sanara la vista de Douglas, Él restauró la fe que había perdido y liberó su espíritu angustiado y estresado. Entonces Douglas pudo recibir la sanidad que anhelaba. Lo que Jesús hizo por Douglas, ¡también lo puede hacer por usted, ahí donde está, ahora! Pídale a Dios que lo libere de su estrés y traiga sanidad a su vida.

3

EL SECRETO DEL "DESCANSO"

El descanso es un principio incluido en la creación, y es un factor clave para evitar el estrés. Dios creó los cielos y la tierra en seis períodos a los cuales llamó días. La Biblia nos dice que, *"Al llegar el séptimo día, Dios descansó porque había terminado la obra que había emprendido"* (Génesis 2:2 NVI). Cuando dice que Dios *"descansó"* no significa que Él estuviera cansado y necesitara pasar un tiempo renovando Su energía. Lo que dice es que Él dejó de trabajar por un tiempo, después de completar lo que se había propuesto hacer.

Más adelante, en la ley que les dio a los israelitas a través de Moisés, Dios instruyó al pueblo a que descansara un día a la semana: *"Acuérdate del día de reposo para santificarlo. Seis días* trabajarás, y harás toda tu obra; más el séptimo día es reposo para Jehová tu Dios…" (Éxodo 20:8–10). Éste debía ser un día de descanso para la gente y sus animales. Todo lo que Dios creó lleva en su ADN la necesidad del descanso.

Dios también estableció otras formas de descanso para Su pueblo. Por ejemplo, después de plantar y cosechar la tierra durante seis años consecutivos, ellos debían dejarla descansar un año: *"Pero el séptimo año la tierra tendrá descanso, reposo para Jehová; no sembrarás tu tierra, ni podarás tu viña"* (Levítico 25:4). Se establecieron varios periodos de "descanso", no solo para que las personas renovaran sus fuerzas, sino también para que hicieran un alto y se enfocaran en su Creador, en otras áreas de sus vidas, y hasta pudieran atender las necesidades de otros. (Vea Éxodo 23:10–11).

Por lo tanto, cuando la Escritura habla de "descanso" se refiere a algo integral. Descansar significa hacer a un lado toda actividad agotadora —física o mental— a fin de recuperar fuerzas y enfoque en medio de la quietud. Significa tener periodos de descanso, no solo físico y en el entorno natural, sino también en nuestro ser espiritual. Todos los tipos de descanso son importantes para llegar a ser verdaderamente libres del estrés. Es inútil pasar todo el día en la cama si no logramos dormir debido a la angustia mental o emocional. El descanso físico por sí solo no ayudará mucho si nuestro espíritu está oprimido por el estrés. Lo que Dios quiere para nosotros es un descanso completo, integral, que cubra todas las áreas de nuestra vida.

Todo lo creado por Dios lleva en su
ADN la necesidad del descanso.

DESCANSANDO EN DIOS

La expresión "descansar en Dios" significa darle al Señor el control absoluto de nuestra vida y futuro. Esto le demuestra que confiamos plenamente en Él y en Sus propósitos para nosotros. Cuando ponemos nuestras cargas en Sus manos, nos despojamos de toda nuestra ansiedad y preocupación. Solo Dios conoce el futuro y solo Él tiene el control. Por eso, tenemos que aprender a rendirnos a Él y a entregarle nuestras preocupaciones, así como Jesús nos lo enseñó:

Por tanto os digo: No os afanéis por vuestra vida, qué habéis de comer o qué habéis de beber; ni por vuestro cuerpo, qué habéis de vestir. ¿No es la vida más que el alimento, y el cuerpo más que el vestido? Mirad las aves del cielo, que no siembran, ni siegan, ni recogen en graneros; y vuestro Padre celestial las alimenta. ¿No valéis vosotros mucho más que ellas?... Así que, no os afanéis por el día de mañana, porque el día de mañana traerá su afán. Basta a cada día su propio mal.

(Mateo 6:25–26, 34)

El estrés siempre está conectado a un área de nuestra vida que aún no hemos rendido a Dios. A menudo experimentamos estrés debido a la lucha que existe entre nuestra carne (nuestra naturaleza humana caída, contra la cual seguiremos luchando toda la vida) y nuestro espíritu (nuestro ser interior, vivificado en Cristo). Si no rendimos a Dios un área determinada, ésta se convierte en una pesada carga. Recuerde que cuando estamos crónicamente estresados por algo, podemos emanar una corriente "tóxica", creando una atmósfera negativa que contamina a las personas a nuestro alrededor, haciéndolas sentir pena o causando que se distancien de nosotros. Mientras que cuando estamos llenos de fe y confianza en Dios, Su unción, Su gracia y Su favor fluirán en nuestra vida, atrayendo a los demás y abriendo puertas dondequiera que vamos.

El estrés espiritual es producto de preocupaciones innecesarias.

Si nos preocupamos por el futuro, hasta el punto de convertirnos en esclavos del estrés, es porque no hemos aprendido a confiar en Dios o en Sus promesas. Jesús nos dice: *"En el*

mundo tendréis aflicción; pero confiad, yo he vencido al mundo"
(Juan 16:33). Cuando descansamos en Dios podemos tener
paz y gozo ante cualquier circunstancia, porque sabemos que
Él está supliendo nuestras necesidades mientras seguimos
haciendo la parte que nos corresponde —todo lo que puede
considerarse responsabilidad humana—. Por ejemplo, confiamos que Él nos va a librar de deudas, pero debemos seguir las
buenas prácticas financieras. Las mayores bendiciones vienen
cuando descansamos en el amor, la bondad y la fidelidad de
Dios.

La Biblia habla de descansar en Dios cuando dice, *"Echando
toda vuestra ansiedad sobre él, porque él tiene cuidado de vosotros"*
(1 Pedro 5:7). ¿Qué significa "echar" nuestras cargas o ansiedades sobre Dios? Es renunciar a nuestras preocupaciones, reconociendo que no necesitamos resolver cada asunto en nuestras
propias fuerzas. Podemos tener la absoluta confianza de que
Él actuará por nosotros. Por ejemplo, ya no debe preocuparnos
el estado de nuestro negocio, porque reconocemos que Dios es
el dueño absoluto y nosotros solo somos sus administradores.
Tampoco debería causarnos ansiedad el conflicto en nuestra
iglesia, porque la iglesia no es nuestra; le pertenece a Cristo.
Cuando nos estresamos, le estamos diciendo a Dios que no
creemos que Él pueda resolver algo que ya hemos intentado
resolver, pero no lo hemos logrado. Por lo tanto, si las situaciones en nuestro negocio, iglesia, trabajo, familia o salud nos
causan estrés, debemos entregárselas a Dios.

Deberíamos saber que mientras no soltemos nuestras preocupaciones, el enemigo aumentará la presión contra nosotros, trayéndolas a nuestra mente una y otra vez, creando un patrón opresivo de estrés. Cuando caemos en ese ciclo, el estrés se vuelve demoníaco. Una de las evidencias de la actividad demoníaca en una persona es la impaciencia, la falta de descanso y la falta de sueño. Si el enemigo logra robarnos la paz —y con ella el sueño— el estrés se vuelve inevitable. Poco a poco, la falta de descanso abre el camino a la actividad demoniaca.

Por esta razón la Biblia nos dice, "*Ni tampoco presentéis vuestros miembros al pecado como instrumentos de iniquidad, sino presentaos vosotros mismos a Dios como vivos de entre los muertos, y vuestros miembros a Dios como instrumentos de justicia*" (Romanos 6:13). Cuando nos entregamos completamente a Dios, los ciclos de estrés se rompen.

---

*Todo lo que no entregamos a Dios
produce estrés en nuestra vida.*

EL LUGAR DE RENDICIÓN

Cuando Jesús estaba a punto de ser arrestado y asesinado, fue al jardín de Getsemaní, uno de Sus lugares favoritos, para orar y descansar en Dios. Allí, Él tuvo que lidiar con la presión emocional, espiritual y física que vienen de saber que en pocas horas moriría clavado en una cruz.

> [Jesús] *puesto de rodillas oró, diciendo: Padre, si quieres, pasa de mí esta copa; pero no se haga mi voluntad, sino la tuya. Y se le apareció un ángel del cielo para fortalecerle. Y estando en agonía, oraba más intensamente; y era su sudor como grandes gotas de sangre que caían hasta la tierra.* (Lucas 22:41–44)

Getsemaní es una palabra de origen caldeo que describe una piedra grande que se usaba para prensar las aceitunas con el fin de extraerles el aceite. En ese jardín, Jesús fue puesto bajo presión, a tal punto que le produjo un enorme estrés. ¿Cómo lo sabemos? Por la evidencia que nos ofrece la Escritura, donde dice que *"era su sudor como grandes gotas de sangre que caían hasta la tierra"* (Lucas 22:44). Sin lugar a duda, ese estrés se produjo por el hecho de saber, en el Espíritu, que tenía que rendir Su voluntad y morir una muerte terrible a fin de cumplir la voluntad del Padre.

El gran intercambio de la cruz estaba a punto de ocurrir; Jesús, el Hijo de Dios, sin pecado, moriría en nuestro lugar. De esta manera, la humanidad, una raza de pecadores, sería perdonada de sus pecados y reconciliada con el Padre celestial. Nadie le quitó la vida a Jesús. Gracias a Su profundo amor por nosotros, Él la entregó voluntariamente para cumplir la voluntad del Padre. (Vea Juan 10:17–18). Así pudo ver el fruto eterno de Su rendición y entrar en el descanso del Padre. *"Puestos los ojos en Jesús, el autor y consumador de la fe, el cual por el gozo puesto delante de él sufrió la cruz, menospreciando el oprobio, y se sentó a la diestra del trono de Dios"* (Hebreos 12:2).

La clave para vivir sin estrés es rendir totalmente nuestra voluntad a Dios.

El nivel de estrés que Jesús experimentó en Getsemaní hubiera llevado fácilmente a cualquier otra persona a caer en la tentación de renunciar a su propósito, a fin de preservar su vida física. Pero no a Jesús. Él era completamente Dios y completamente hombre. Estoy seguro que, como hombre, hubiera preferido no ir al Calvario y morir; por eso tuvo que orar intensamente antes de rendirse a Su propósito en la tierra y cumplir la voluntad del Padre. Salvando las distancias, nosotros experimentamos un proceso similar cada vez que nos enfrentamos a tomar una decisión o realizar una acción a la que nuestra voluntad se opone totalmente, cuando debemos hacer algo que nos causa tremenda ansiedad o miedo, o cuando actuamos de manera contraria a lo que Dios quiere; entonces podemos experimentar un estrés sofocante. Jesús entiende lo que estamos viviendo. Por eso dijo: *"Venid a mí todos los que estáis trabajados y cargados, y yo os haré descansar. Llevad mi yugo sobre vosotros, y aprended de mí, que soy manso y humilde de corazón; y hallaréis descanso para vuestras almas; porque mi yugo es fácil, y ligera mi carga"* (Mateo 11:28–30).

En este pasaje, Jesús nos enseña que cuando seguimos un camino opuesto a la voluntad de Dios, llevamos cargas muy pesadas; entre ellas, la inmoralidad sexual, las relaciones opresivas, los celos, las adicciones y la depresión. Cuando cargamos tal peso, nuestros movimientos —tanto en lo natural como en lo espiritual— se ajustan a esa carga. Incluso nuestros patrones de pensamiento se adaptan al peso de la carga y nos impiden ver una salida. Pero hoy Jesús nos dice: "Dame la carga que el mundo ha puesto sobre ti o que tú mismo tomaste; esa carga que te oprime y te esclaviza; a cambio te daré Mi 'yugo', que es fácil y Mi 'carga', que es liviana". Seguir la guía y el propósito de Dios para nuestras vidas nos brinda alivio. Cuando le entregamos a Dios todas nuestras cargas podemos vivir libres de estrés.

El yugo del mundo es una carga muy pesada que no nos deja descansar.

CÓMO ENTRAR EN EL DESCANSO DE DIOS

Los tiempos que vivimos son a menudo caóticos y hay confusión a nuestro alrededor. Creo que estamos en un período llamado el "fin de los tiempos" en el que el mundo, tal como lo conocemos, pronto llegará a su fin. Éste culminará con el regreso de Jesucristo, la derrota del diablo y de todos los que se oponen a Dios. Sin embargo, aun en medio de la confusión, los desacuerdos, las divisiones y la guerra espiritual (los ataques del enemigo contra nosotros), podemos entrar en el descanso de nuestro Padre celestial y permanecer en Su reposo. Dios nos dio una de las claves para vivir sin estrés cuando dijo: *"Estad quietos, y conoced que yo soy Dios"* (Salmos 46:10).

Reciba a Jesús como su Salvador

Es necesario que conozcamos y apliquemos la revelación que nos lleva a descansar en Dios, a fin de poder recibir Sus promesas. El primer paso, si aún no lo ha hecho, es aceptar a Jesucristo como su Salvador, creyendo que Él murió en la cruz —Él tomó el lugar que le correspondía a usted—, para que sus pecados sean perdonados, pueda recibir una nueva vida en Él y comience a seguir Sus caminos. A todos los que lo han aceptado Jesús los llama "iglesia". (Vea Mateo 16:18). Esto no se refiere a la membresía de una iglesia o una denominación en particular, sino a ser un hijo de Dios redimido y un ciudadano de Su reino. En este ciclo de los últimos tiempos, Dios continúa guiando a Su iglesia para que descanse en Él. Pedro, uno de los discípulos más cercanos de Jesús, escribió lo siguiente: *"Humillaos, pues, bajo la poderosa mano de Dios, para que él os exalte cuando fuere tiempo; echando toda vuestra ansiedad sobre él, porque él tiene cuidado de vosotros"* (1 Pedro 5:6–7).

El Padre ha prometido que antes del regreso de Cristo, Su iglesia entrará en Su descanso.

Reciba los "tiempos de refrigerio" de Dios

El segundo paso es recibir los *"tiempos de refrigerio"* de Dios. El apóstol Pedro dijo,

> *Así que, arrepentíos y convertíos, para que sean borrados vuestros pecados; para que vengan de la presencia del Señor tiempos de refrigerio, y él envíe a Jesucristo, que os fue antes anunciado; a quien de cierto es necesario que el cielo reciba hasta los tiempos de la restauración de todas las cosas, de que habló Dios por boca de sus santos profetas que han sido desde tiempo antiguo.*
>
> (Hechos 3:19–21)

La Biblia nos da varios principios —físicos y espirituales— que nos conducen a disfrutar de tiempos de refrigerio.

Entre esos principios están los siguientes: poner todo trabajo en pausa durante el día de descanso o "Sabbath" (vea, por ejemplo, Éxodo 23:12); asegurarnos de estar hidratados después de una actividad física (vea, por ejemplo, Jueces 15:18–19); escuchar música edificante (vea, por ejemplo, 1 Samuel 16:23); y tener comunión con otros creyentes en Jesús, lo cual nos ayuda a fortalecernos (vea, por ejemplo, 2 Timoteo 1:16).

Dios ha prometido que la iglesia puede disfrutar del descanso en medio de la agitación, experimentando esos momentos de refrigerio, al unir nuestros corazones al de Él en profunda intimidad y confianza. En contraste, quienes no entren en el descanso de Dios terminarán estresados y exhaustos. El descanso que Dios nos da va más allá de cualquier provisión natural; es *sobre*natural, ya que proviene del reino celestial a través de Su Espíritu Santo.

Lo que diferencia a la iglesia, del mundo, es el descanso sobrenatural.

Como leemos en Hechos 3:19, experimentamos tiempos de refrigerio permaneciendo en la *"presencia del Señor"*, porque es en Su presencia donde encontramos todo lo que necesitamos. En el Salmo 23, David describe al Señor como un buen Pastor que provee todo lo necesario para Sus ovejas, a fin de que no tengan nada de qué preocuparse: *"El Señor es mi pastor, nada me faltará"* (Salmos 23:1 LBLA). El libro de los Salmos también revela que, además de descanso, el estar en la presencia de Dios nos da gozo: *"Me mostrarás la senda de la vida; en tu presencia hay plenitud de gozo; delicias a tu diestra para siempre"* (Salmos 16:11).

¿Cuál es el mayor obstáculo que nos impide hallar el descanso de Dios y entrar en él? Es el pecado o la rebelión contra Él y Sus caminos. Fue la aparición del pecado en el mundo lo primero que trajo confusión, desorden, dolor, sufrimiento, envidia, mentira, enfermedad y muerte a la raza humana. (Vea, por ejemplo, Romanos 5:12; Santiago 4:1–4). Además, la mayoría de las personas que viven en pecado —especialmente después de haberse convertido en creyentes de Cristo— constantemente huyen y se esconden de la presencia de Dios. Sus almas no encuentran paz ni tranquilidad; no pueden descansar mental, emocional ni espiritualmente. (Vea, por ejemplo, Génesis 4:13–14). Por lo tanto, si está en pecado y quiere regresar a la presencia de Dios, debe arrepentirse y volver a obedecer a Dios. Aléjese del pecado, pídale a Dios que lo perdone y acepte Su perdón para que nuevamente pueda recibir *"de la presencia del Señor tiempos de refrigerio"*.

Solo el arrepentimiento restaura nuestra capacidad de descansar en la presencia de Dios.

SEÑALES DE ESTAR DESCANSANDO EN DIOS

Existen tres señales inconfundibles de que hemos entrado en el descanso de Dios:

1. Tenemos paz

Es imposible estar en la presencia de Dios y no tener paz. La Biblia nos promete:

> *Por nada estéis afanosos, sino sean conocidas vuestras peticiones delante de Dios en toda oración y ruego, con acción de gracias. Y la paz de Dios, que sobrepasa todo entendimiento, guardará vuestros corazones y vuestros pensamientos en Cristo Jesús.* (Filipenses 4:6–7)

Cuando nos arrepentimos de nuestros pecados y recibimos el perdón de Dios, Él nos llena con Su paz. Cuando le entregamos a Dios nuestras cargas, Él las retira de nosotros y nos da Su paz. Cuando le entregamos nuestra voluntad, Él hace Su voluntad en nuestra vida y nos sumerge en Su paz. Una vez más, ésta no es una paz natural sino sobrenatural. La paz que recibimos no es solo la ausencia de conflictos, sino que es una paz que nos eleva por encima de cualquier conflicto y nos lleva a trascender lo natural y vivir en lo sobrenatural. Por lo tanto, tener la paz de Dios es una de las señales inequívocas de que hemos entrado en Su reposo.

2. Adoramos a Dios

La adoración sincera surge de estar en un lugar de intimidad con Dios. Cuando vivimos en el descanso de Dios, no lo adoramos solo cuando las cosas van bien y no tenemos problemas. Al contrario, incluso en medio de la tormenta más severa o de la noche más oscura de nuestra vida, elegimos darle el lugar de preeminencia y adorarlo en ese lugar de descanso. Solo cuando nos rendimos a Dios podemos adorarlo, como dijo Jesús, *"en espíritu y en verdad"* (Juan 4:23, 24).

Si estamos estresados, no podemos adorar a Dios de esa manera. Pero hay ocasiones en que comenzamos a adorarlo en la carne, en nuestras propias fuerzas, con nuestra mente, cuerpo o emociones, porque el estrés nos está controlando. Sin embargo, viendo nuestro deseo genuino de adorarlo, Dios envía Su Espíritu Santo para que venga y nos ayude a adorarlo en espíritu y verdad. Cuando eso sucede, el estrés se desvanece a medida que entramos en el descanso de la presencia de Dios.

3. Continuamente permitimos que Dios esté en control

Cuando estamos estresados no podemos ver, oír ni discernir lo que está sucediendo en el mundo espiritual; nuestros sentidos espirituales están bloqueados, y solo percibimos lo que ocurre en el ámbito natural. Sin embargo, cuando entramos en el reposo del Señor, vivimos en continua expectativa por ver lo próximo que Dios hará. No nos conformamos a las imposibilidades declaradas por las mentes naturales, sino que fielmente esperamos que el Señor actúe con poder sobrenatural. El mayor milagro que podemos experimentar es ver a Dios hacer lo que resulta imposible para nosotros.

Usted no verá cómo Dios está actuando a su favor hasta que se comprometa a descansar en Él, entregándole todas sus preocupaciones; y esto no es algo que se logra de la noche a la mañana. Cambiar la forma como manejamos los problemas y comprender el significado completo de "descansar" requiere tiempo y persistencia. De cierta manera, descansar en la presencia de Dios nos hace espectadores de lo que Él está haciendo. Sin embargo, eso no significa que debemos ser indiferentes mientras esperamos Su intervención, ya que Él desea que participemos en Sus propósitos. Más bien, significa aprender a vivir diariamente por fe, esperando siempre "lo nuevo" que Él hará. En el próximo capítulo aprenderemos más sobre el ejercicio de nuestra fe.

Cuando descansamos en Dios el estrés se va, porque descansar en Dios es vivir en fe total.

REMOVIENDO LAS CARGAS

¿Desea recibir el mover del Espíritu Santo de Dios en su vida para dejar de vivir en un estado de estrés continuo? ¿Desea experimentar un tiempo de refrigerio en su familia, sus relaciones, su negocio, su ministerio o en sus planes para el futuro? Entre en la presencia de Dios y descanse. En Su presencia, Él tratará con su corazón, porque el verdadero cambio comienza en el corazón del hombre. Hay áreas y circunstancias en su vida que Dios cambiará solo cuando usted permanezca "quieto", reconociendo que Él está en control de su vida y le permita hacer lo que usted no puede.

Para ser liberados, debemos remover las cargas que nos mantienen esclavizados y que nos llevan a vivir bajo estrés. Remover esas cargas no es difícil si lo hacemos en el poder de Jesús. *"Acontecerá en aquel tiempo que su carga será quitada de tu hombro, y su yugo de tu cerviz, y el yugo se pudrirá a causa de la unción"* (Isaías 10:27). Jesús mismo no hizo nada sin la aprobación del Padre, porque vivía en total dependencia de Él. (Vea Juan 5:19, 30; 8:28). No es el plan de Dios que vivamos bajo estrés continuo. Sigamos el ejemplo de Jesús y vivamos en la paz que nuestro Padre celestial desea para nosotros.

Ahora deseo orar por usted porque sé que Dios obrará un milagro en su situación, si sigue los principios que he descrito en este capítulo, comprometiéndose a rendirse y confiar en Él a fin de vivir una vida libre de estrés. Entonces, verá la gloria de

Dios en medio de cada circunstancia adversa por la que pasa, mientras permanece en Su presencia y experimenta Su paz y gozo.

Amado Padre, vengo delante de Ti presentándote a cada persona que está leyendo este libro. Gracias por guiarme a escribir *Una vida libre de estrés* y por darme Tu revelación y poder para deshacer las obras del diablo.

Te pido que envíes Tu Santo Espíritu a cada lector. En Tu nombre desato sobre ellos liberación, sanidad y paz sobreabundante. En el nombre de Jesús, echo fuera todo espíritu de ansiedad, depresión y estrés que oprime sus vidas. Declaro que hoy entran en Tu presencia y que Tu paz inunda sus corazones. Declaro que encuentran descanso en Tu presencia, por Tu gracia y por la obra terminada de Cristo en la cruz. Declaro que Tu presencia destruye toda aflicción y falta de fe. Declaro que, en este momento, se llenan de Tu fe para vivir con la total seguridad de que lidiarás con cada una de sus imposibilidades. Desato Tu poder sobrenatural para hacer milagros en su salud, sus finanzas y sus relaciones personales, laborales y ministeriales. Declaro Tu presencia sobre sus vidas.

Te doy gracias, Señor, porque sé que ya están ocurriendo grandes milagros en las vidas de Tus hijos. Te

doy toda la gloria, el honor y la alabanza para siempre.
¡Amén!

HISTORIAS VERÍDICAS DE CÓMO EL ESTRÉS OPRESIVO FUE VENCIDO

Libres de estrés financiero

La familia Arias de San Antonio, Texas, EE. UU., com-
partió un maravilloso testimonio acerca de cómo el estrés
financiero que había afectado a su hogar desapareció cuando
decidieron descansar en Dios.

Ver el poder de Dios en acción en el Ministerio
El Rey Jesús, nos motivó a llevar nuestra relación
con Él a una nueva dimensión. Hace algún tiempo,
un huracán muy fuerte azotó San Antonio y nuestra
casa sufrió graves daños. Fue un duro golpe para mi
esposo, para mí y para nuestros cinco hijos; nos pre-
guntábamos cómo íbamos a resolver esto. La situación
se había vuelto muy difícil. Estábamos bajo un gran
estrés. Llevábamos mucho tiempo creyendo que Dios
nos daría una nueva casa, así que queríamos vender
nuestra casa actual; pero luego una nueva tormenta
llegó, esta vez con granizo, y causó muchos daños en
el techo. El estrés aumentó porque pasaban los meses
y no recibíamos el dinero del seguro para hacer reparaciones en el techo y las ventanas. Todo estaba roto

y teníamos que vivir así. Nuestro sueño de una nueva casa se retrasó y la presión aumentó.

Un día, el contratista vino y nos dio una cotización, pero no regresó para hacer el trabajo. Entonces, decidimos confiar en Dios y nos hicimos socios del Ministerio El Rey Jesús, porque comprendimos que cuando ayudamos a avanzar el reino de Dios, viene una gran bendición. Así que dimos un paso de fe y sembramos nuestra primera semilla durante un evento al que asistimos como parte de nuestro entrenamiento espiritual. El día que regresamos a casa, después de ese evento, llamamos al contratista que nos había ignorado anteriormente y le pedimos que hiciera el trabajo en el techo. Él respondió: "Estaré en su casa en quince minutos". ¡Nunca antes le habíamos oído decir algo así!

Sin embargo, todavía no habíamos recibido el dinero del seguro. En fe, decidimos llamar al agente de bienes raíces y reanudar nuestra búsqueda de una nueva casa. Completamos el papeleo y le prometimos al agente que el techo de nuestra actual vivienda estaría arreglado cuando llegara el momento de venderla. Dos semanas después, encontramos la casa de nuestros sueños. Hicimos una oferta, pero tuvimos un nuevo contratiempo: el puntaje de crédito de mi esposo era bueno, pero el mío no. Hacía falta que mi crédito subiera cincuenta puntos y eso solo podría lograrse de manera sobrenatural. Unos días después, la persona responsable de la preaprobación del préstamo nos dijo: "No sé por qué hago esto, pero vamos a enviar la oferta en fe, confiando que en dos semanas su crédito subirá". ¡Nadie hace eso! Presentamos nuestra oferta, junto con otros cuatro compradores potenciales, para una casa ubicada en un área en la que todos en San Antonio quieren vivir, porque las casas son hermosas y ganan valor rápidamente. Nuestra oferta fue la más baja, pero, por la gracia de Dios, mi puntaje de crédito subió lo suficiente y los propietarios nos eligieron. El agente inmobiliario llamó para darnos la buena noticia; no obstante, en medio de la gran celebración, recordamos que nuestra casa aún estaba en proceso de reparación y luego teníamos que venderla.

La presión era fuerte, pero nuevamente decidimos creerle a Dios. Pusimos nuestra casa a la venta, una vez más, con la promesa de que todas las reparaciones se terminarían antes de que se completara la venta. Mi esposo llamó a la compañía de seguros y exigió que enviaran el dinero porque había pasado un año desde que la tormenta había destruido el techo y las ventanas. La compañía de seguros respondió que no entendían lo que había pasado, pero que el cheque ya estaba en el correo.

Lo que había tardado un año se resolvió en pocos días, tan pronto decidimos descansar en Dios y hacer un pacto con Él. ¡Todo se aceleró! Este fue un gran testimonio para nuestros hijos, porque juntos vivimos todo el proceso. Ellos fueron testigos de que, en medio de un gran problema, podemos descansar en Dios; por eso, cuando hicimos un pacto con Él para avanzar Su reino, todo lo que estaba detenido se aceleró de forma sobrenatural. ¡Dios sigue obrando milagros!

Esta familia fácilmente podía haber caído en la desesperación en medio de una situación muy complicada. Podían haberse deprimido, aceptando la idea de que todo estaba perdido y tendrían que esperar años para pensar siquiera en comprar una casa. Sin embargo, decidieron creerle al Dios de lo imposible. Tomaron la decisión de darle el control sobre todo, y Dios respondió con un milagro tras otro. ¡Lo mismo le puede pasar a usted!

Sanada de una severa condición física

Una mujer de treinta y cuatro años llamada Hui-Han Huang asistió a un Encuentro Sobrenatural del Ministerio El Rey Jesús en Taiwán. Ella no podía caminar, pero el poder de Dios la sanó, y fue liberada de la angustia y la desesperanza.

Hace tres años, tomé una medicina china hecha de hierbas, que había sido comprada en el mercado negro. Al parecer, contenía un veneno muy fuerte. A causa de eso, mi sistema inmunológico colapsó. Mi corazón y mi sistema nervioso se vieron gravemente afectados; mis dos piernas se inflamaron y el dolor era tan intenso que no podía caminar, ni siquiera podía ponerme de pie. Esa situación me causó profunda angustia y desesperación. Lo peor fue que los médicos no encontraban una solución, y eso me llevó a experimentar gran estrés. Cuando ministraron sanidad en el Encuentro Sobrenatural Taiwán, el fuego y el poder de Dios me impactaron de tal manera que mi cuerpo comenzó a temblar. ¡Sentí el poder de Dios! Anoche, no tenía fuerzas ni para levantarme. Ahora puedo caminar. Incluso pude subir y bajar las escaleras. ¡El poder de Dios es real! ¡Gracias Jesús!

4

TRES PILARES DE FE PARA VENCER EL ESTRÉS

Pero Cristo, habiendo ofrecido una vez para siempre un solo sacrificio por los pecados, se ha sentado a la diestra de Dios, de ahí en adelante esperando hasta que sus enemigos sean puestos por estrado de sus pies" (Hebreos 10:12–13). Como vemos en esta porción de la Escritura, después que Jesús venció a la muerte y fue resucitado por el poder del Espíritu Santo, Él fue recibido en el cielo y se sentó a la derecha del Padre. El hecho de que Jesús esté sentado a la diestra de Dios el Padre no significa que ya no 1esté activo y trabajando en nuestras vidas. Él continúa intercediendo por nosotros y moviéndose a nuestro favor. (Vea Romanos 8:34). Sin embargo, también descansa, en el sentido de que Su victoria en la cruz sobre el pecado, el diablo y la muerte es *completa* y *definitiva*.

Una de las tácticas del enemigo es hacer que nos desgastemos tratando de hacer cosas en nuestras propias fuerzas. Como cristianos que hemos puesto nuestra fe y confianza en Jesucristo, necesitamos descansar en Dios antes, durante y después de cada batalla espiritual que peleamos en Su poder. Sin embargo, si nos falta fe, o no entendemos cómo Dios está trabajando, puede que empecemos a tratar de luchar contra el enemigo en nuestras propias fuerzas, incluso si eso nos conduce a situaciones estresantes. Un cristiano que reconoce que Dios es más fuerte que el adversario se hace a un lado y observa cómo el Todopoderoso lucha a su favor y le da la victoria.

Muchas personas en la iglesia, que también se le conoce como "*el cuerpo de Cristo*" (1 Corintios 12:27), todavía están inmersas en una lucha interminable contra el enemigo. No han entendido que una vez que le entregan una carga a Dios, deben permitirle actuar soberanamente y dejar que los defienda. En pocas palabras, deben dejar que Dios sea Dios.

La vida de Jesús nos muestra una de las más grandes expresiones de fe que podemos manifestar: sin importar lo que nos esté sucediendo personalmente o lo que esté pasando a nuestro alrededor, nada ni nadie puede causarnos ansiedad y, al contrario, podemos descansar en Dios continuamente. Por ejemplo, en cierta ocasión, después que Jesús le predicó a la multitud y sanó sus enfermedades, Él y Sus discípulos subieron a una barca y empezaron a cruzar el Mar de Galilea. En el camino, se desató una gran tormenta y estaban a punto de naufragar. En medio de la conmoción de la tormenta, Jesús permanecía durmiendo tranquilamente en la popa. Los discípulos llenos de temor despertaron a Jesús. Él, poniéndose de pie, reprendió firmemente a los vientos y al mar, y la tormenta cesó de inmediato. Acto seguido amonestó a Sus discípulos, diciéndoles, *"¿Por qué teméis, hombres de poca fe?"* (Mateo 8:26).

Cuando enfrentamos problemas, a la mayoría nos gustaría descansar de la manera que Jesús lo hacía en esa barca, sin que nada ni nadie nos moleste. De la misma manera nos gustaría poder vencer nuestras tormentas, en el poder de Dios. ¡Y esto es posible! Sin embargo, requiere que tengamos revelación de los tres pilares fundamentales que sustentan nuestra fe, para que podamos vivir sin estrés: (1) aplicar la obra terminada de Jesús en la cruz; (2) descansar en la presencia de Dios; y (3) recibir la gracia sobrenatural de Dios.

Una de las mayores expresiones de fe que podemos manifestar es cuando nada nos preocupa y podemos descansar en Dios.

TRES PILARES QUE SOSTIENEN NUESTRA FE

Aplicar la obra terminada de Jesús de la cruz

Como dije anteriormente, Jesús fue a la cruz voluntariamente. Allí entregó Su vida, porque sabía que Su propósito principal en la tierra era rescatar a la humanidad de la esclavitud del diablo y llevarnos de regreso al Padre. Él murió en la cruz para pagar por todos los pecados, enfermedades y miserias de la raza humana. *"Mas él herido fue por nuestras rebeliones, molido por nuestros pecados; el castigo de nuestra paz fue sobre él, y por su llaga fuimos nosotros curados"* (Isaías 53:5). Él pagó el precio del rescate para liberarnos de todas las enfermedades físicas, emocionales, mentales, y espirituales; nos liberó de la ansiedad, el miedo, la depresión, y todos los demás yugos del enemigo. Justo antes de morir Jesús exclamó, *"Consumado es"* (Juan 19:30). Esto significa "La deuda ha sido pagada por completo". El descanso nos llega cuando entendemos y tenemos total confianza en la obra terminada de la cruz.

> *Descansar en la obra terminada de Cristo en la cruz, demuestra que hemos depositado nuestra fe y confianza en Él.*

Una vez que cree lo que Dios ha dicho y hecho a favor suyo, puede descansar sabiendo que Él es fiel para cumplir

Sus promesas. (Vea, por ejemplo, Hebreos 11:11). Usted puede tener la absoluta certeza de que, al confiar en la obra terminada de la cruz, Dios actuará para beneficio suyo. Sin embargo, también debemos recordar que "descansar" espiritualmente no significa abandonar el trabajo que hacemos para Dios o que dejemos de cumplir nuestras responsabilidades humanas. Descansar en Dios significa que hacemos todo lo humanamente posible, ¡mientras Él hace lo imposible! El descanso nos lleva a esperar con expectativa que Dios actúe y triunfe sobre nuestras dificultades. Cuando descansamos en Dios, Él nos da gracia y favor inusuales, nos abre puertas que antes eran inaccesibles, y nos guía a recibir lo que Él quiere darnos.

El estrés viene cuando tratamos de hacer algo que no es nuestra responsabilidad o que solo Dios puede hacer.

Dios no nos ha llamado a vivir en estado de estrés, por lo que no debemos permitir que el estrés controle nuestra vida. Todo lo que necesitamos —ahora y en el futuro— fue provisto en la cruz hace más de dos mil años. Por fe recibimos salvación, sanidad, milagros, transformación, provisión, liberación y mucho más. Jesús pagó absolutamente por todo.

Sin embargo, el enemigo es astuto y sabe cuándo descansamos en fe y cuándo andamos estresados. Si nos ve descansando en una atmósfera de intimidad en la presencia de Dios, para él es como revivir la derrota absoluta que Jesús le propinó en la cruz del Calvario. Así que hoy mismo, empiece a incrementar su fe. Háblele a su circunstancia —su problema financiero, su conflicto matrimonial, su enfermedad, su depresión, la rebelión de sus hijos o cualquier otra cosa que lo esté atormentando— y dígale, "Jesús ya pagó por esto en la cruz. Ahora mismo descanso en Su obra terminada y en las promesas de Dios. No me voy a estresar. Jesús ya me dio la victoria; Él ha pagado la deuda del pecado que yo debía, y ha derrotado por completo al enemigo".

Tener verdadera fe significa descansar en la obra terminada de Jesús en la cruz, donde todo ya fue provisto para nosotros.

Descansar en la presencia de Dios

El segundo pilar que sostiene nuestra fe es descansar en la presencia de Dios. En el capítulo anterior, hablamos sobre cómo podemos eliminar nuestras cargas entrando en la presencia de Dios. Debemos aprender a permanecer en Su presencia —esa atmósfera pura y sin contaminación que el Padre creó, al comienzo de los tiempos, para que el hombre viviera en ella—. En Génesis, esa atmósfera es llamada "el jardín del Edén". En mi libro *La Gloria de Dios*, explico que cuando los seres humanos pecaron, "La humanidad no fue destituida de un lugar físico sino de la presencia de Dios —del ambiente de gloria—".[9]

El Edén fue diseñado como un lugar de descanso espiritual, emocional, mental y físico. Aunque Adán y Eva trabajaban cuidando el jardín, nunca supieron lo que era un conflicto interpersonal, trabajo arduo o estrés, hasta que se rebelaron contra Dios. Cuando desobedecieron, fueron removidos de Su presencia y la humanidad no fue restaurada a esa presencia —en todo el sentido de la palabra— hasta que Cristo vino a la tierra y nos reconcilió con el Padre. La Biblia nos dice que tras la muerte de Jesús, el velo del templo fue rasgado de arriba abajo (vea Mateo 27:51; Lucas 23:45), simbolizando que Jesús había abierto el acceso completo al Padre. Desde el momento en que Jesús nos restauró, los creyentes podemos entrar confiadamente a la presencia de Dios. Por eso Jesús dijo, *"Venid a mí todos los que estáis trabajados y cargados, y yo os haré descansar"* (Mateo 11:28).

Cuando estamos en la presencia del Señor, nada de lo que sucede a nuestro alrededor o en el mundo puede hacer que caigamos en un ciclo de temor o preocupación, porque sabemos

---

9. Guillermo Maldonado, *La Gloria de Dios: Experimente un encuentro sobrenatural con Su presencia* (New Kensington, PA: Whitaker House, 2012), 17.

que Dios está en control, como enfatizan estas Escrituras: *"Porque el que ha entrado en su reposo, también ha reposado de sus obras, como Dios de las suyas"* (Hebreos 4:10). *"Y* [Dios] *dijo: Mi presencia irá contigo, y te daré descanso"* (Éxodo 33:14).

Solo en la presencia de Dios encontrará completo descanso, paz y gozo.

En la presencia de Dios, lo que antes luchábamos para lograr, podemos obtenerlo fácilmente y en poco tiempo, gracias a Su poder sobrenatural. A lo largo de mi vida, con frecuencia he sido testigo de esta verdad. He pasado por momentos en los que he estado preocupado y estresado debido a las muchas cargas y responsabilidades que tengo, no solo en la iglesia local sino también a nivel mundial. Sin embargo, cada vez que entro a la presencia de Dios, todo cambia. Cuando termino de orar, adorar y estar en comunión con Dios, me siento descansado. ¿Por qué ocurre esto? Primero, porque diariamente, en Su presencia, reconozco que Dios es mi Padre, que yo soy Su hijo y que Él me ama. Con esta seguridad, simplemente le entrego a Él todas mis cargas. Ya no están más bajo mi control, sino que las dejo en Sus manos. Por eso estoy de acuerdo con el autor de Hebreos, cuando nos exhorta diciendo, *"Procuremos, pues, entrar en aquel reposo, para que ninguno caiga en semejante ejemplo de desobediencia"* (Hebreos 4:11).

Una de las razones por las que el diablo trata de evitar que entremos en oración y comunión con Dios es porque, en la presencia del Señor, no hay guerra espiritual. Debido a que el enemigo no tiene acceso a la presencia de Dios, no nos puede atacar allí. Por lo tanto, trata de distraernos y desgastarnos para que, como él, no podamos beber de nuestra Fuente de vida. Cuando somos removidos de nuestra Fuente, terminamos secos y quemados. Recordemos siempre la respuesta a tal condición: *"Arrepentíos y convertíos, para que sean borrados vuestros pecados; para que vengan de la presencia del Señor tiempos de refrigerio"* (Hechos 3:19). El arrepentimiento no es algo que hacemos una sola vez, al comienzo de nuestra vida en Cristo; al contrario, debemos arrepentirnos diariamente de cualquier desobediencia o falta de fe. Sin verdadero arrepentimiento, no podremos acceder a los *"tiempos de refrigerio"*.

¿Cuánto tiempo debería tomarnos entrar en la presencia de Dios? Si uno está ejercitado en la oración y adoración no debe tomarnos demasiado tiempo; quizá unos minutos. A mí me toma segundos. En general, puedo decir que vivo en Su presencia, porque entiendo que ése es el lugar para el cual fui diseñado. No fuimos creados para entrar y salir de Su presencia, sino para vivir de continuo en ella; por lo tanto, esa debe ser nuestra meta. Cada vez que buscamos a Dios, debería resultarnos más fácil y rápido poder acceder a Su presencia.

Si está enfrentando situaciones que le producen estrés, usted necesita urgentemente entrar en la presencia de Dios. Cuando va a su Fuente, Él removerá toda carga, le dará descanso, y obrará milagros, porque en Su presencia la provisión es total.

Hay personas que no reciben el milagro que esperan porque piensan que entrar en la presencia de Dios lleva mucho tiempo, o que eso está reservado solo para pastores o creyentes especiales. Sin embargo, no es así. El sacrificio de Jesús abrió el camino para que todos los que en Él crean y lo confiesen como Señor y Salvador de sus vidas puedan entrar en Su presencia.

La revelación de Dios no se recibe entrando y saliendo de Su presencia sino viviendo permanentemente en ella.

Una pregunta que a menudo me hacen es, "¿Cómo puedo saber que estoy en la presencia de Dios?" Bueno, lo primero que encontramos allí es paz. Sentimos un temor reverente, seguridad y protección; además, nos sentimos rodeados de Su amor eterno, incondicional y sobrenatural. Otra señal inconfundible de que estamos en Su presencia es que ya no tenemos necesidad de guerrear por aquello que necesitamos. Por consiguiente, si usted aún se siente cargado y agobiado, si sigue luchando contra el enemigo, necesita con urgencia entrar en la presencia de Dios.

Recibir la gracia sobrenatural de Dios

El tercer pilar que sostiene nuestra fe es recibir la gracia sobrenatural de Dios. "Gracia" es recibir un favor, un talento o un don de Dios que no merecemos. Esto incluye el otorgamiento de Su poder sobrenatural, el cual nos permite ser y hacer lo que no podemos lograr en nuestra capacidad humana. En otras palabras, la gracia es la habilidad que Dios nos da para caminar en lo sobrenatural.

Es importante que entendamos lo que realmente es la gracia de Dios, porque hay varias doctrinas sobre la gracia que se predican hoy en día, algunas con muy poco fundamento bíblico. Hay quienes predican una idea falsa de la gracia, afirmando que ya no tenemos responsabilidades en nuestra vida cristiana porque Cristo lo hizo todo por nosotros. Esta es una verdad a medias. Es verdad que la obra de Jesús en la cruz es completa, pero también es cierto que debemos participar activamente en los propósitos de Dios. *"Porque somos hechura suya, creados en Cristo Jesús para hacer buenas obras, las cuales Dios preparó de antemano para que anduviéramos en ellas"* (Efesios 2:10 LBLA).

Además, el enemigo todavía ronda por el mundo haciendo el mal. La Biblia dice que él *"como león rugiente, anda alrededor buscando a quien devorar"* (1 Pedro 5:8). Estamos llamados a defender la victoria de Cristo, a forzar su cumplimiento y hacer que permanezca vigente día tras día. Debemos declarar que Cristo ha triunfado y orar que Su voluntad sea hecha en la tierra como es en el cielo, mientras descansamos en la presencia de Dios. La más notable diferencia entre la guerra espiritual y la guerra natural es que, por la gracia de Dios, en la guerra espiritual nuestra victoria está garantizada.

En el Nuevo Testamento vemos que la gracia de Dios en Cristo tiene un propósito fundamental: pagar por todos los pecados de la humanidad. Es a través de Jesús que aquellos que se han rebelado contra el Creador pueden experimentar la gracia —el favor inmerecido de Dios— y el perdón, permitiéndoles caminar en una relación de intimidad con Él. Así, la vida, pasión, muerte y resurrección de Jesús vienen a nosotros como evidencia de la gracia de Dios, actuando para salvar a la humanidad.

Aquí debo señalar que, aunque Dios ama a los pecadores, no tolera el pecado. Por lo tanto, de acuerdo con la justicia divina, quien no reconoce la obra de Jesús en la cruz es condenado, y su castigo es la muerte. (Vea, por ejemplo, Juan 3:18; Romanos 6:23). La gente puede tratar de cubrir su maldad e iniquidad haciendo obras que externamente lucen bien. Sin embargo, son obras inaceptables para Dios (vea Efesios 2:8–9) y solo los distraen de encontrar la justicia en Jesús, quien es *"el camino, y la verdad, y la vida"* (Juan 14:6).

Si usted ha tratado de encubrir su pecado, confiéselo a Dios y reciba la gracia de Su perdón. No hay pecado tan grande que la sangre de Cristo no pueda borrar. Por eso, la Escritura afirma que *"cuando el pecado abundó, sobreabundó la gracia"* (Romanos 5:20). Por la gracia de Dios, hoy tenemos acceso al Lugar Santísimo (la presencia de Dios) y a la provisión de todo lo que podamos necesitar en esta vida y la venidera.

De acuerdo con la Escritura, Dios ha desatado Su gracia en Cristo Jesús para lograr todos estos propósitos:

+ Para salvarnos. *"Porque por gracia sois salvos por medio de la fe; y esto no de vosotros, pues es don de Dios"* (Efesios 2:8).

+ Para conquistar al enemigo. *"Y el Dios de paz aplastará en breve a Satanás bajo vuestros pies. La gracia de nuestro Señor Jesucristo sea con vosotros"* (Romanos 16:20).

+ Para empoderarnos para vencer el pecado en nuestras vidas. *"Porque el pecado no se enseñoreará de vosotros; pues no estáis bajo la ley, sino bajo la gracia"* (Romanos 6:14).

+ Para ayudarnos a vivir en santidad. *"Y ahora, hermanos, os encomiendo a Dios, y a la palabra de su gracia, que tiene poder para sobreedificaros y daros herencia con todos los santificados"* (Hechos 20:32).

- Para empoderarnos a vivir en la verdadera justicia. *"No desecho la gracia de Dios; pues si por la ley fuese la justicia, entonces por demás murió Cristo"* (Gálatas 2:21).

- Para prepararnos para cumplir nuestro propósito y llamado. *"[Dios] nos salvó y llamó con llamamiento santo, no conforme a nuestras obras, sino según el propósito suyo y la gracia que nos fue dada en Cristo Jesús antes de los tiempos de los siglos"* (2 Timoteo 1:9).

Para nosotros sería imposible ser y hacer todas estas cosas sin la gracia sobrenatural de Dios. Una vez más, debemos entender que vivir en la gracia de Dios no significa que no debemos darle nada a cambio. Al contrario, debemos servirle a Él y Sus propósitos con amor, devoción y fidelidad; todo por Su gracia. Al respecto, el apóstol Pablo escribió, *"Por la gracia de Dios soy lo que soy; y su gracia no ha sido en vano para conmigo, antes he trabajado más que todos ellos; pero no yo, sino la gracia de Dios conmigo"* (1 Corintios 15:10).

Cuando servimos a Dios, Él nos da Su gracia sobrenatural, y hallamos descanso en medio de nuestro arduo trabajo.

A primera vista parece contradictorio que Pablo diga que se convirtió en apóstol por la gracia de Dios, y que después agregue que trabaja más que los otros apóstoles. ¿Significa esto que trabajó para ganarse el favor de Dios? ¡No! Las obras del reino se realizan desde un lugar de gracia. Pablo trabajó duro, no para ganar la gracia de Dios, sino apropiándose de la gracia que se le había dado para hacer la voluntad del Padre. La única manera de servir a Dios libres de estrés es hacerlo como Él lo planeó para nosotros, por la fuerza de su gracia.

Le insto a que deje de hacer las cosas de Dios en sus propias fuerzas. Entienda que todo lo que Él nos manda a hacer es imposible lograrlo con esfuerzo humano; solo podemos lograrlo por Su gracia. Si cree esto, en adelante busque descansar continuamente en Dios y su vida comenzará a fluir mejor. Por la gracia de Dios podemos ser salvos y sanos, libres y prósperos, podemos vencer las tentaciones del enemigo, hacer la obra del ministerio y la voluntad de Dios. Si usted hace las cosas de esta manera, no se cansará ni quedará exhausto, porque dependerá de la gracia divina, no de su limitada fuerza humana. Mientras siga intentando trabajar con su propio poder, se sentirá cargado y agobiado; pero si se aferra a la gracia sobrenatural de Dios, Él renovará sus fuerzas, y usted vivirá en una atmósfera de descanso.

---

*Los que caminan en la gracia de Dios
se especializan en hacer las cosas
difíciles con mayor facilidad.*

ESTABLECIENDO LOS PILARES

¿Está su vida apoyándose en estos tres pilares —aplicando la obra terminada de Jesús en la cruz, descansando en la presencia de Dios, y recibiendo Su gracia sobrenatural—, de manera que pueden sostener su fe y permitirle vivir libre de estrés? Quiero invitarlo a hacer esta oración conmigo y comprometerse a levantar estos pilares en su vida:

Padre celestial, Te doy gracias por Tu amor y provisión. Reconozco que hay circunstancias en mi vida que no te he entregado y que ahora están fuera de control. Reconozco que he permitido que el estrés, la ansiedad y la depresión se arraiguen en mí, y no sé cómo salir de esas condiciones. Perdóname Padre por no confiar en Ti, por tratar de resolver mis problemas en mis propias fuerzas, sin pedir Tu ayuda.

Perdona mi falta de fe al no depender de Ti. Perdóname por no acercarme a Tu presencia con un corazón contrito y humillado. Hoy, me comprometo a rendirme a Ti, y a poner en Tus manos todo el dolor, la ansiedad, la angustia, la frustración y la depresión que han inundado mi corazón. Necesito Tu gracia y el ministerio de Tu Espíritu Santo para entrar en Tu presencia y encontrar descanso y ayuda. Suelto mis cargas y simplemente Te adoro; Te pido que Tu presencia llene mi mente perturbada y permita que mi espíritu vuelva a ser uno contigo de nuevo. Recibo Tu paz, amor, fe, gracia y poder.

Sé que todo lo que ha estado yendo mal en mi vida ahora está bajo Tu control, y veré Tu mano de poder trabajando a mi favor. Descanso en Tu presencia, en la obra terminada de Jesús en la cruz, y en la gracia que Él desató, para que hoy yo pueda vivir en victoria. Me declaro empoderado para vivir por fe, como lo hizo Cristo. Así como Él venció, yo venceré. Declaro Tu presencia y poder sobre mi vida. ¡En el nombre de Jesús, amén!

HISTORIAS VERÍDICAS DE CÓMO EL ESTRÉS OPRESIVO FUE VENCIDO

Encontró la salida

Kelly vive en Miami, Florida. Antes de venir al Ministerio El Rey Jesús, sufría de estrés, depresión, trastorno bipolar y pensamientos suicidas, ¡pero el Señor la rescató!

Todavía estaba en la escuela secundaria la primera vez que intenté quitarme la vida debido al estrés. ¡Era una idea que venía constantemente a mí! Los doctores me diagnosticaron trastorno bipolar. Vivía con ansiedad. No sabía qué hacer, y pensé que nunca iba a salir de eso. Pasé siete años en esa condición; luchando contra la depresión, el estrés y el deseo de suicidarme.

Cuando visité el Ministerio El Rey Jesús, sentí la presencia de Dios y eso me dio descanso. Fue la primera vez que sentí paz dentro de mí. El estrés desapareció y fui libre de los pensamientos de muerte que atormentaban mi mente. Lo mejor que me sucedió es que me enseñaron a usar armas espirituales para mantenerme libre. Algo que sucede con la depresión es que te hace sentir que no hay salida. Pero cuando te enseñan a orar, a ser libre y a mantener tu liberación; cuando te dicen cómo funciona la gracia de Dios y cuáles son nuestros derechos como Sus hijos, entonces todo cambia. Cuando somos equipados, el enemigo pierde el control sobre nuestras vidas.

Hoy, soy libre, ¡y sé cómo mantenerme libre! Sé qué hacer para que el espíritu de suicidio no vuelva a entrar en mi vida, para que el estrés no me robe la paz ni me lleve a la depresión. Ahora sé que hay una salida y que la gracia de Dios es más que suficiente para darme paz, salud y esperanza. ¡Gloria a Dios!

Lo que le pasó a Kelly también le puede pasar a usted. Dios puede cambiar nuestra ansiedad por un descanso sin igual. ¿Qué debemos hacer? Para apropiarnos de la obra de Cristo en la cruz, debemos permanecer en la presencia de Dios y vivir de acuerdo con Su gracia.

Recibió una nueva identidad y vida en Cristo

Terry lidió con el rechazo y la falta de identidad la mayor parte de su vida. A temprana edad le diagnosticaron Trastorno por Déficit de Atención e Hiperactividad (TDAH, por sus siglas en inglés), depresión y otros problemas. Todo esto la llevó a consumir alcohol y drogas. Al crecer, se casó y tuvo hijos, pero toda su familia tarde o temprano la abandonó; entonces, se dio cuenta que su última esperanza era buscar a Dios. El Señor usó a la vecina de Terry para guiarla a la libertad.

Cuando tenía cuatro años y medio, me dieron en adopción porque sufría abuso físico de mis padres biológicos. Comencé a presentar problemas, como ataques de ira. El psiquiatra me diagnosticó un retraso mental leve, pero no pudieron hacer nada por mí porque era demasiado joven. A los once años, me diagnosticaron depresión, ansiedad, insomnio y TDAH. Me cambiaban los medicamentos a menudo y me aumentaban las dosis, pero nada funcionaba.

Crecí yendo a una iglesia, pero no tenía ninguna revelación de quién era Dios. Cuando tenía trece años, comencé a consumir alcohol y, a los dieciséis, comencé a fumar cigarrillos y usar drogas. A lo largo de mi vida, siempre tuve algún tipo de droga en mi sistema, pero en el 2014, toqué fondo. Para entonces, me había casado y tenía dos hijos. El día del Padre, mi esposo me dijo que estaba cansado de la vida que llevaba conmigo y que quería vivir solo. Cuando se fue, mi hijo también se fue, pero mi hija decidió quedarse conmigo. Pasó tres meses viviendo conmigo, pero en ese tiempo empecé a hundirme aún más en las drogas. Un día, mi hija me dijo: "Mamá, ya no quiero vivir contigo", y se fue a vivir con su padre. Ese fue el final para mí. Recuerdo que grité, "¡Basta! Ya no quiero vivir más". Pero luego, lo reconsideré. Sabía que algo tenía que cambiar. ¡No podía seguir huyendo de la realidad!

Entonces me acordé de mi vecina. Ella era diferente, era cristiana y me había estado invitando a la iglesia por dos años, pero yo siempre le decía que no. Cuando mi hija se fue, sentí que lo había perdido todo. En busca de un cambio, fui a una reunión de Casa de Paz donde mi vecina, quien me recibió con unas palabras que me llegaron al corazón. Sentí el amor de Dios en ella. Posteriormente, fui a una conferencia en el Ministerio El Rey Jesús y allí Dios me sanó la rodilla, ya que no podía doblarla debido a la artritis. Sentí un fuego en mi rodilla, y de repente, podía moverla. Eso me dio fe para creer que no necesitaría más antidepresivos ni píldoras para controlar el TDAH, el insomnio y la ansiedad. Ese día supe que Dios es real y que sigue haciendo milagros. ¡Esa era la fe que necesitaba!

Cuando regresé a casa, después de la conferencia, tiré a la basura todos los medicamentos que tenía. Desde ese día, no los he vuelto a tomar. ¡No los necesito! Dios también restauró mi matrimonio y mi familia, y todos regresaron a casa conmigo. Antes no podía dormir debido a la depresión; ahora duermo en paz. Antes no tenía trabajo; ahora tenemos un negocio y pronto abriremos otro. Antes solía decir que odiaba a Dios y lo culpaba por todo; ahora estoy muy agradecida con Él porque es bueno. Sé que Él me ama y Su amor es incondicional. Siempre había soñado con tener una vida como ésta, pero pensaba que era imposible para mí. Ahora, sé que soy hija de Dios. Él me devolvió la vida. ¡Cristo me ha dado identidad!

5

CONSEJOS PARA VIVIR
LIBRES DE ESTRÉS

Hay solución para el estrés! Cuando estamos estresados, a menudo no sabemos qué hacer y todo se vuelve caótico. Después que Dios nos libera a través de Su Espíritu Santo, debemos aprender a permanecer en Su descanso y paz para no volver a caer en un estilo de vida estresante. Cuando nos rendimos al Señor y lo dejamos trabajar en nuestra vida, no hay ningún tipo de estrés que pueda controlarnos, y cualquier situación adversa puede resolverse con Su poder sobrenatural. Su gracia será nuestra fortaleza, recibiremos Su sabiduría y todo obrará para bien si permanecemos en Su amor. (Vea Romanos 8:28).

En este capítulo final, quiero darle una serie de consejos prácticos y espirituales que lo ayudarán a vivir libre de estrés, mientras continúe teniendo fe en la obra terminada de Jesús en la cruz, mientras permanezca en la presencia de Dios y viva por Su gracia.

1. PRACTIQUE UN ESTILO DE VIDA SALUDABLE

Muchas veces el estrés se acumula debido a que no cuidamos nuestra salud física, mental y emocional de forma regular. Por eso, cuando enfrentamos una crisis en cualquiera de esas áreas, nos afanamos por buscar soluciones a problemas que podíamos haber evitado. Para vivir libres de estrés, es importante que sigamos estas prácticas esenciales: ejercítese regularmente; ingiera una dieta saludable y balanceada; duerma el tiempo necesario; manténgase activo; practique actividades que refresquen su mente, tales como su deporte o pasatiempo favorito. Estos son componentes naturales de la vida, que juegan un papel importante en la prevención y reducción del estrés.

Una de las principales respuestas al estrés es el descanso físico.

2. MANTENGA TODO EN ORDEN

El desorden es estresante. No le permite pensar con claridad, obstaculiza la creatividad, reduce el rendimiento y aumenta el tiempo que necesita para completar una tarea. Esto significa que, donde hay desorden, todo requiere más esfuerzo, tiempo y energía. Debemos esforzarnos por mantener en orden nuestras emociones, pensamientos, relaciones y medio ambiente, tanto en la casa como en el trabajo, en la escuela y en todo lugar. Mi consejo para eliminar de raíz una gran cantidad de estrés es que tome la decisión de comenzar a poner todo en orden en los diversos aspectos de su vida, incluidas las relaciones familiares y las finanzas.

3. DESCONÉCTESE DE LA RUTINA DIARIA

Todos seguimos algún tipo de rutina a medida que avanzamos en la vida. A veces realizamos las tareas diarias y cumplimos nuestras responsabilidades como si estuviéramos en "piloto automático". Cuando nunca nos desconectamos de la rutina, ni siquiera de vez en cuando, caemos en apatía o frustración. A medida que nuestro nivel de estrés aumenta, nuestra creatividad disminuye, y nos alejamos de los propósitos de Dios. Sin embargo, cuando apartamos tiempo para hacer un cambio de ritmo, ya sea para explorar una nueva idea o lugar, o para hacer una pausa refrescante, la mente se recarga y nuestras actitudes se renuevan.

No se trata de ser negligente con nuestras responsabilidades. Cada persona puede continuar monitoreando y supervisando sus responsabilidades, sin dejar que ellas lo consuman por completo o lo impacten negativamente. De vez en cuando yo tomo tres días de descanso para desconectarme del ministerio y de mis tareas cotidianas, con el fin de evitar que el estrés invada mi vida.

4. ENTRÉGUELE EL CONTROL A DIOS

Si le entregamos a Dios el control de nuestras vidas, Él tendrá especial cuidado de todas nuestras necesidades. ¡Lo que Él nos ha llamado a hacer es en realidad Su obra, no la nuestra! Debemos dejar que Él se haga cargo por completo. En este libro hemos visto cómo las personas caen presas del estrés porque no le entregan su voluntad a Dios. Mientras luchan por mantener el control de sus vidas, ellos siguen llevando la pesada carga de sus problemas. Desafortunadamente, Dios no los puede ayudar si no "deponen sus armas" y rinden su voluntad. ¿Mi recomendación? ¡Tome inmediatamente la decisión de rendir su voluntad!

En la Biblia leemos acerca de una mujer llamada Martha quien trató de explicarle a Jesús que Él había llegado tarde a la crisis que ella atravesaba, porque ya su hermano Lázaro había muerto. Jesús le respondió, *"¿No te he dicho que si crees, verás la gloria de Dios?"* (Juan 11:40). Solo cuando Martha dejó de interferir y de hacer las cosas de la manera que ella pensaba que debían hacerse, la piedra fue removida de la tumba y el que había muerto resucitó. ¡Hoy, rinda su voluntad, y verá cómo Dios manifiesta Su poder!

5. DESCANSE EN LA PAZ DE DIOS

Todo lo que no proviene de Dios nos quita la paz y produce estrés. Recuerde lo que dice la Escritura:

> *Por nada estéis afanosos, sino sean conocidas vuestras peticiones delante de Dios en toda oración y ruego, con acción de gracias. Y la paz de Dios, que sobrepasa todo entendimiento, guardará vuestros corazones y vuestros pensamientos en Cristo Jesús.* (Filipenses 4:6–7)

Nosotros verdaderamente tenemos un Dios de paz, de manera que no necesitamos vivir en un estado estresante. Por el contrario, tendremos paz incluso en medio de las tormentas de la vida. "*Somos más que vencedores por medio de aquel que nos amó*" (Romanos 8:37). Sigamos el ejemplo de David, quien, antes de una batalla decisiva, sabía cómo descansar en Dios. Por eso declaró: "*El Señor, que me ha librado de las garras del león y de las garras del oso, me librará de la mano de este filisteo*" (1 Samuel 17:37 LBLA). De forma similar, podemos decir: "El Señor me ha liberado antes, y ahora estoy listo para ver cómo lo hará otra vez".

6. SUELTE TODAS LAS CARGAS

Necesitamos aprender a rendir todas nuestras cargas a Dios. El apóstol Pedro aconsejaba, "*Humillaos, pues, bajo la poderosa mano de Dios, para que él os exalte cuando fuere tiempo; echando toda vuestra ansiedad sobre él, porque él tiene cuidado de vosotros"* (1 Pedro 5:6–7). El profeta Isaías declaró esta palabra del Señor: *"¿No es más bien el ayuno que yo escogí, desatar las ligaduras de impiedad, soltar las cargas de opresión, y dejar ir libres a los quebrantados, y que rompáis todo yugo?"* (Isaías 58:6). Para que Dios trabaje en nuestra vida y haga los milagros que necesitamos, debemos soltar nuestras pesadas cargas de opresión y echar fuera toda ansiedad. Así que, si está llevando una carga que no estaba supuesto a llevar, tome estas palabras bíblicas en serio. No permita que el estrés le impida vivir en la paz del Señor y recibir la bendición del Padre.

Sin importar qué carga es la que le está produciendo estrés, no la lleve más tiempo. Suéltela ahora mismo; entréguesela al Señor, porque Él tendrá especial cuidado de esa situación. Usted debe dejar que Dios se encargue de su problema financiero, enfermedad, errores del pasado, falta de perdón, etc. ¡Entréguele ese problema, ahora! *"Estad quietos, y conoced que yo soy Dios; seré exaltado entre las naciones; enaltecido seré en la tierra"* (Salmos 46:10).

Cuando soltamos nuestras cargas podemos descansar en Dios, sabiendo que Él peleará nuestras batallas.

---

7. NO SE PREOCUPE POR EL MAÑANA

La Palabra nos insta a no esperar cosas malas. *"Por tanto os digo: No os afanéis por vuestra vida, qué habéis de comer o qué habéis de beber; ni por vuestro cuerpo, qué habéis de vestir. ¿No es la vida más que el alimento, y el cuerpo más que el vestido?"* (Mateo 6:25). Lo que pensamos es lo que usualmente hablamos con nuestra boca, y finalmente, lo que hablamos es lo que sucederá. Nosotros lo materializamos a través de nuestros pensamientos y palabras. Job dijo, *"Porque el temor que me espantaba me ha venido, y me ha acontecido lo que yo temía"* (Job 3:25). Si usted vive estresado por algo que le causa miedo, eso mismo atraerá. Pero si vive por fe, toda la bendición de Dios vendrá sobre usted.

---

*Toda fortaleza mental que no sea
derribada servirá de guarida al estrés.*

---

8. MEDITE EN DIOS Y SU PALABRA

Primero, permítame aclarar que cuando hablo de "meditar" no me estoy refiriendo a poner la mente en blanco, como enseñan algunos grupos. Hacer eso es abrirle puertas a espíritus u opresiones demoniacas para que entren a su vida. Debemos meditar en la Palabra de Dios, la Biblia, la cual nos muestra el camino a la verdad, y guía nuestros pensamientos y vida. Meditar es una acción similar a rumiar; es considerar lentamente una idea, evaluarla, repensarla, reflexionar sobre ella y darle vueltas en la mente. A medida que meditamos en la palabra de Dios o en Sus pensamientos, nos llenamos de Él y toda nuestra vida cambia para bien. Por eso, cuando el Señor le habló a Josué para que guiara a Su pueblo a ocupar la Tierra Prometida, le dijo: *"Nunca se apartará de tu boca este libro de la ley, sino que de día y de noche meditarás en él, para que guardes y hagas conforme a todo lo que en él está escrito; porque entonces harás prosperar tu camino, y todo te saldrá bien"* (Josué 1:8).

Meditar en la Palabra hace más fácil que oigamos la voz de Dios en nuestro espíritu. Cuando somos dados a meditar en la palabra de Dios, lo próximo que viene es la revelación, o un profundo entendimiento de las verdades que estamos leyendo. Tenga en cuenta que no basta con meditar. Debemos permanecer en la Palabra que estamos meditando. Esto quiere decir que debemos actuar en concordancia con lo que pensamos. *"Pero sed hacedores de la palabra, y no tan solamente oidores, engañándoos a vosotros mismos"* (Santiago 1:22).

9. BUSQUE SANIDAD INTERIOR Y LIBERACIÓN

Si siente que, por más que ha seguido todos estos consejos, no puede ser libre del estrés, es posible que haya una influencia espiritual maligna de la que necesita ser libre. Busque una iglesia que crea en la obra completa de Jesús en la cruz y la ministre. Jesús pagó un alto precio por nuestra libertad, y la obra de la cruz incluye sanidad interior y liberación. A veces necesitamos la ayuda de un creyente maduro que nos ministre liberación y rompa las ataduras espirituales que han venido sobre nosotros y nos están dañando, de manera que podamos caminar en la libertad de Cristo. ¡Hoy es el día que el Señor quiere sanar su corazón y hacerlo libre! Él lo está esperando con los brazos abiertos.

10. MANTENGA UNA RELACIÓN CONTINUA CON JESUCRISTO

Amado lector, si usted vive en continuo estrés y no sabe cómo pedirle a Dios que le quite sus cargas, hoy quiero invitarlo a entrar en una relación con Jesucristo, recibiéndolo en su corazón. Vivir libre de estrés requiere tener una relación continua con Él, que incluya oración y lectura de la Palabra. Si aún no ha reconocido a Jesús como su Señor y Salvador, por favor oremos juntos en voz alta:

Amado Padre celestial, yo reconozco que soy un pecador y que mi pecado me separa de Ti. Yo creo que Jesús murió por mí en la cruz y que Tú lo resucitaste de entre los muertos. Me arrepiento de todos mis pecados y, voluntariamente, confieso a Jesús como mi Señor y Salvador. Renuncio a todo pacto con el mundo, a todo pensamiento y comportamiento mundano; a los deseos de mi carne y a todo deseo contrario a Tu voluntad. Hoy, hago un pacto nuevo con Jesús para amarle y servirle. Señor Jesús, entra a mi corazón y cambia mi vida. Si hoy muriera, al abrir mis ojos sé que estaré en Tus brazos, para vivir contigo eternamente. ¡Amén!

HISTORIAS VERÍDICAS DE CÓMO EL ESTRÉS OPRESIVO FUE VENCIDO

Transformación de Grandes Ligas

Carlos Zambrano es un famoso jugador de béisbol que jugó en las Grandes Ligas de los Estados Unidos, para los Cachorros de Chicago y los Marlins de Miami. Es recordado por sus grandes éxitos como lanzador en la pelota profesional. Pese a haber crecido en un hogar cristiano, en su natal Venezuela, decidió alejarse de Dios, hasta que le tocó vivir una temporada de intensa presión, de la que solo Dios pudo rescatarlo.

Pese a estar hundido en el pecado, Dios siempre me mostró Su amor incondicional. Recuerdo una oportunidad, estando en Guatemala, que quedé al borde de la muerte. De repente empecé a sentir mareos, palpitaciones irregulares y mi presión arterial empezó a fluctuar. Inmediatamente me vieron los médicos de Venezuela y de Chicago, me mantuvieron todo el día conectado a máquinas que leen el ritmo cardíaco, pero no me encontraron nada. Me trasladaron de emergencia a Chicago para que me viera el médico del equipo y tampoco me encontró nada. Sin embargo, me sentía mal y vivía literalmente desesperado, bajo enorme estrés.

De regreso a Venezuela, fui a ver a mi médico personal, un hermano en Cristo, que conoce las dos áreas, la científica y la espiritual, y entonces pude entender lo que me estaba pasando. Él me dijo: "Carlos te hemos realizado todos los exámenes, y no tienes nada. Lo tuyo es espiritual, amigo. Dios te está llamando y te está dando una oportunidad".

Estas palabras iniciaron una transformación que me llevaría a buscar a Dios y empezar a instruirme en los asuntos de Su reino. Ésa ha sido la mejor y mayor decisión que he tomado en mi vida; mejor que cuando decidí firmar mi contrato con los Cachorros de Chicago y más grande que cuando decidí casarme. Fue la decisión de morir yo para que Cristo viva en mí. Antes de tomar esa decisión, vivía pendiente de las cosas materiales y las vanidades, pero vivía sin paz, enojado y metido en líos. Sin embargo, cuando ocurrió ese cambio, las ofensas y heridas de otras personas contra mí dejaron de afectarme, porque entendí que Cristo es el único que pelea por mí. Nada hay más bonito que ser dirigido por Él y descansar en Su presencia. Nada se compara al amor de Dios.

Actualmente vivo en Miami, mi familia es feliz y yo tengo paz en mi corazón y en mi espíritu, sabiendo que Dios dirige mi vida. Nunca más he vuelto a sentir la sensación de morirme, ni las palpitaciones ni los desmayos, porque tengo una relación íntima y permanente con Dios y Él es quien dirige mi vida. Puedo decir que, en medio de cualquier situación, descanso en Dios. Por Su gracia, después de prepararme en la iglesia El Rey Jesús, en Miami, bajo la paternidad del Apóstol Guillermo Maldonado, estoy cumpliendo el llamado pastoral que Dios puso en mi corazón.

Atleta de la fe

Dayana es una deportista americana-canadiense que conoció la depresión desde niña. A causa de eso, buscó el amor y el reconocimiento a través del deporte, pero solo Dios pudo darle lo que su corazón necesitaba.

Desde muy pequeña tuve que lidiar con la pobreza y todo tipo de carencias, además de un inmenso vacío en mi interior. Mi padrastro era violento con mi madre y conmigo, y abusó de mí. Crecí con mucha depresión y luchando con mi autoestima. No sabía en qué creer, porque si bien mi familia iba a la iglesia, también practicaba vudú. Debido al abuso de mi padrastro, me sentía vacía y sin amor. Por eso comencé a rebelarme, hasta que me fui de la casa.

Comencé a buscar a Dios porque sabía que Él antes había respondido mis oraciones; sin embargo, a los diecinueve años caí en otra relación abusiva que, con el tiempo, terminó en divorcio. Después de muchos momentos de desesperanza, ya no sabía dónde ir en busca de amor, así que comencé a idolatrar mi propio cuerpo y empecé a hacer apariciones en programas de fisicoculturismo. Entonces sentí que había encontrado mi propósito en la vida. Me hice muy conocida en ese ámbito, salía en revistas, ganaba dinero por presentaciones. Incluso llegué a ganar dos veces el premio Miss Olimpia.

Creía que el mundo del gimnasio le estaba dando propósito a mi vida, pero nada me satisfacía. Estaba tan enfocada en esto que cada vez me alejaba más y más de Dios. Solo cuando entendí que tenía que volver a Sus brazos, comencé a caminar la ruta de regreso a Él. Dios empezó a liberarme de la depresión y las desilusiones del pasado. Sentí que mi vida había encontrado nuevo sentido en Él. Hoy soy una atleta retirada, pero nada de lo que logré en aquel tiempo se compara con la libertad que Dios me ha dado. Él me abrió una puerta para tener mi propio programa de radio llamado "Gimnasia y fe". Ahora sé que hay mucho más de Dios que está por venir, y eso me llena de gozo.

Hoy Dayana vive libre de depresión. Lleva una vida sana porque vive en la paz de Cristo y mantiene una relación íntima y continua con Él. Ésta también es la solución para que usted llene el vacío que hay en su corazón, sea amado y halle un propósito para su vida. Dios solo está esperando que usted se rinda a Él para poder sanarlo y bendecirlo con una vida libre de estrés.

ACERCA DEL AUTOR

El Apóstol Guillermo Maldonado es el pastor principal y fundador del Ministerio Internacional El Rey Jesús (King Jesus International Ministry), en Miami, Florida, una iglesia multicultural, considerada entre las de más rápido crecimiento en los Estados Unidos. El Rey Jesús, está fundamentada en la Palabra de Dios, la oración y la adoración, y actualmente tiene una membresía cercana a las diecisiete mil personas. El Apóstol Maldonado es padre espiritual de más de 350 iglesias esparcidas a través de Estados Unidos, Latinoamérica, Europa, África, Asia y Nueva Zelandia, las cuales forman la Red Global Sobrenatural, que en conjunto congregan más de 600 mil personas. La formación de líderes de reino y las manifestaciones visibles del poder sobrenatural de Dios distinguen a este ministerio, cuya membresía constantemente se multiplica.

El Apóstol Maldonado, uno de los autores de mayor éxito en ventas a nivel nacional, ha escrito más de cincuenta libros y manuales, muchos de los cuales han sido traducidos a diferentes idiomas. Entre sus libros más recientes con Whitaker House podemos citar, *Oración de rompimiento, Ayuno de rompimiento, Cómo caminar en el poder sobrenatural de Dios, La gloria de Dios, El reino de poder, Transformación sobrenatural, Liberación sobrenatural,* y *Encuentro divino con el Espíritu Santo,* los cuales están disponibles en español e inglés. Además, él predica el mensaje de Jesucristo y Su poder de redención, a través de su programa internacional de televisión, *Lo sobrenatural ahora (The Supernatural Now),* que se transmite a través de las cadenas TBN, Daystar, Church Channel y otras cincuenta cadenas de TV, alcanzando e impactando potencialmente más de dos mil millones de personas alrededor del mundo.

El Apóstol Maldonado tiene un doctorado en consejería cristiana de Vision International University y una maestría en teología práctica de Oral Roberts University. Actualmente vive en Miami, Florida, junto a Ana, su esposa y socia en el ministerio, y sus dos hijos, Bryan and Ronald.